Sabine Skala

Herzkommunikation

Wiedervernetzung der Herzen auf Erden

Sananda, St. Germain, Lord Melchisedek...

Bitte fordern Sie unser kostenloses Verlagsverzeichnis an:

Smaragd Verlag
In der Steubach 1
57614 Woldert (Ww.)
Tel.: 02684.97848-10
Fax: 02684.97848-20
E-Mail: info@smaragd-verlag.de
www.smaragd-verlag.de

Oder besuchen Sie uns im Internet unter der obigen Adresse.

Sabine Skala

Herzkommunikation

Wiedervernetzung der Herzen
auf Erden

Sananda, St. Germain, Lord Melchisedek...

Smaragd Verlag

Über die Autorin

 Sabine Skala ist Sternengeborene und eines der ersten Indigokinder der 70er Jahre. Als Heilpraktikerin und Heilerin arbeitet sie seit 2003 in ihrer eigenen Praxis für Klassische Homöopathie und Energietherapie in Sauerlach bei München. Ihre Aufgabe als Lichtarbeiterin ist es, den Menschen in ihrem Aufstiegsprozess in die Fünfte Dimension zu helfen und ihnen die Lebensweise der Neuen Energie näherzubringen.

Sie hat die Begabung, die spirituellen Fähigkeiten eines jeden Einzelnen zu erkennen und ihm diese zu vermitteln. Ihr mediales Potenzial macht es ihr möglich, Kontakt zu höheren Dimensionen und Lichtwesen aufzunehmen und dadurch die Menschen zu heilen. Nach den Durchsagen der atlantischen Priesterschaft der Zwölf und der Galaktischen Föderation haben nun verschiedene Lichtwesen aus der Lichtebene Verbindung zu ihr aufgenommen, um wichtige Informationen für die Menschheit durchzugeben.

Kontakt und Informationen unter:
Homepage: www.heile-deinen-koerper.de
eMail: S.Skala@t-online.de

Inhalt

Meditationen

Danksagung

Ich danke allen Aufgestiegenen Meistern, Engeln, Heiligen und Sternenengeln, die mir diese wundervollen Informationen über die Kommunikation der Neuen Zeit durchgegeben haben.

Ich möchte mich bei meiner Sternenschwester Monika und meinem italienischen Engel Maria bedanken, die mir liebe Freundinnen in dieser Zeit der Transformation geworden sind.

Auch danke ich meiner Freundin Sylvia, mit der ich immer Lustiges erlebe, egal, in welchem Land. Was für wundervolle lichtvolle Seelen gibt es derzeit auf Erden, und ich bin glücklich, einige bereits zu kennen.

Vielen Dank auch an die lichtvollen Seelen des Smaragd Verlags, die mir immer ihr Vertrauen entgegenbringen. Ihr alle seid in meinem Herzen.

Und noch eine wichtige Sache: „Liebe MaPa, ich liebe euch!"

Vorwort von Lord Melchisedek

Seid gegrüßt, ihr lieben Sternenseelen,
die Zeit ist nun reif, in eine neue Ebene aufzusteigen,
in die Ebene des Herzens. Über euer Herz wird sich die
Tür zu einer höheren Dimension öffnen. Ein neues Be-
wusstsein entwickelt sich. Eure Kommunikation wird in Zu-
kunft mehr über euer Herz laufen. Viel schneller werden
so die Informationen von einem zum anderen geschickt.
Entfernung und Zeit spielen dabei keine Rolle mehr. Nur in
euren Köpfen sind die Zeit und der Raum noch begrenzt.
Diese innere Begrenzung wird sich mit der Ausbildung und
Verfeinerung der Herzkommunikation immer mehr auflö-
sen. Vor langer Zeit, waren alle Herzen einmal miteinander
verbunden. Diese Verbundenheit, diese Kraft, diese gött-
liche Liebe war das Einssein mit allem, das große Ganze,
das heute wieder euer Ziel geworden ist.

Im Einssein wart ihr alle mit eurem Herzen verbunden,
ihr wart ein einziges großes symbolisches Herz. Wir sind
nun hier, um euch bei dieser neuen Wiedervernetzung be-
hilflich zu sein. Wir alle aus der Lichtebene helfen euch.
Ruft uns, wann immer ihr uns braucht. Wir zeigen euch,
wie die Herzkommunikation funktioniert. Wir unterstützen
euch, eure Wahrnehmung zu schulen und euer Herz zu
heilen. Wir fördern euch, wieder eurer inneren Stimme zu
vertrauen.

Die Zeiten ändern sich, und eine Kommunikation auf
der Herzebene wird für euch immer wichtiger werden.
Sprecht mit den Herzen, mit den Seelen, und nehmt wie-

der die Verbindung auf dieser Ebene auf. Sie wird euch helfen, in den kommenden Situationen im Vertrauen zu bleiben. Bis neue Technologien geschaffen worden sind, kann es zeitweilig zu Behinderungen auf der gewöhnlichen Telekommunikationsebene kommen. Keine Angst, denn eure zukünftige Verständigung wird auf der Herzebene ablaufen.

Damit diese neue Form der Informationsübertragung immer besser funktioniert, ist es von Vorteil, sich jetzt schon mit eurem Herzen zu verbinden und die Herzkommunikation zu üben. Dadurch vergrößert sich das Herznetz, es wird immer stärker und genauer in der Übertragung von Informationen und Gefühlen. Eure Wahrnehmungsfähigkeit wird mit der Zeit so fein, dass ihr sofort bemerkt, wie es einem nahe stehenden Menschen geht. Ganz besonders ist dies nach einer Seelenvereinigung zu spüren. Ihr werdet sofort wahrnehmen, in welchen Gefühlen sich euer Seelenpartner befindet.

Oft vermischen sich jedoch eure eigenen Gefühle mit denen eurer Mitseelen. Übt euch darin, sie zu unterscheiden! Sind es die Gefühle eurer Mitseelen, spürt, was sie brauchen oder euch senden möchten. Ihr könnt sie auch darum bitten, euch zu unterstützen und zu helfen. Das Herznetz wird euch immer beschützen, ihr seid göttliche Geborgene. Es ist ein göttliches Miteinander von Herz zu Herz.

In der Fünften Dimension geht es um eure wahre Herzensliebe, zu euch selbst, zu eurer Umwelt und zur göttlichen Quelle. Arbeitet daran, heilt alle Verletzungen, löst alle Blockaden auf, damit ihr euer Herz in göttlicher Liebe öffnen könnt. Traut euch und habt den Mut, denn es ist eine der herrlichsten Erfahrungen, die ihr derzeit auf Erden machen könnt. Ihr entwickelt eine Liebe zu euch selbst, die einzigartig ist. Indem ihr euch selbst liebt, liebt ihr alles. So einfach ist das.

Bestimmt habt ihr schon solche heiligen Momente oder Phasen erlebt, und ihr werdet mir zustimmen, dass sich eine gewisse göttliche Ruhe, Zufriedenheit, Vertrauen und Leichtigkeit eingestellt hat. Es lohnt sich, diesen Weg weiterzugehen. Neue Potenziale eröffnen sich euch, neue Fähigkeiten geben sich zu erkennen, alles, was ihr euch immer gewünscht habt, werdet ihr erfahren. Hört genau auf die Wünsche eures Herzens, denn sie erfüllen sich. Das ist auch eine Art der Herzkommunikation, die Verständigung zu euch selbst. Nehmt genau wahr, welche Wünsche eurem Herzen entspringen und welche aus eurem Ego kommen. Wünscht euch niemals etwas, das aus der Angst geboren wird, denn es vergrößert euer Leiden. Seid sehr bewusst im Umgang mit euren Wünschen. Lernt wieder die Sprache eures Herzens. Vielleicht versteht ihr jetzt noch nicht deutlich diese neue Sprache, dann schaut genau hin, was euer Herz blockiert. Was behindert die Kommunikation?

Bittet eure Engel, Meister und Lichtwesen, dass sie euch die richtigen Menschen schicken, um euch zu helfen. Wir wissen, dass ihr die Macht und Fähigkeit der Herzenskommunikation bereits in euch habt, nur muss sie wieder aktiviert werden. Neue Lebensformen, neue Strukturen, neue Energien, neue Gefühle kommen auf euch zu! Das Herz ist der Schlüssel für einen besseren Kontakt zu anderen Dimensionen, Sternenwelten und Lichtwesen. Es ist der Zugang zu neuen Energien und spiritueller Bewusstseinsentwicklung. Alles entwickelt sich zu eurem Besten. Seid gewiss, dass auch ihr in die Gunst der Herzensliebe kommen werdet! Oder seid ihr schon mittendrin? Wir empfangen euch mit offenen Armen und mit offenem Herzen und freuen uns, euch auf diesen göttlichen Wegen begleiten zu dürfen.

In Liebe, Lord Melchisedek

Lord Melchisedek

Herzkommunikation

Die Herzkommunikation ist die schnellste Verständigung auf Erden, die es momentan gibt. Sie basiert auf dem Herznetz, das zurzeit aufgebaut wird. Der momentane Aufbau ist eine besondere, ja, wunderbare Phase in unserem Leben, und wir sollten sie in vollen Zügen genießen, denn diese Form von Herzkommunikation kann derzeit nur hier auf Erden zustande kommen. Nur auf Erden passiert diese einzigartige Entwicklung der neuen Art von Kommunikation. Verbindungen von Herz zu Herz werden geschlossen und Energien schneller als das Licht übertragen. Für eine derartig schnelle Vermittlung von Informationen eignet sich die Kommunikation über das Herznetz am besten. Es werden keine Daten im gewöhnlichen Sinn versendet, sondern Eingebungen und Empfindungen, die wir in unserem Herzen fühlen. Dazu gehören alle hoch schwingenden Gefühle, wie zum Beispiel Liebe, Vertrauen, Kraft, Frieden, Freude usw. Aber auch Wissen oder durchgegebene Informationen, die wir von der Lichtebene empfangen, können wir über dieses neue Kommunikationsnetz senden.

Nicht selten passiert es, dass ähnliche Botschaften zur selben Zeit von lichtvollen Seelen auf Erdenebene empfangen werden. Dieses Netz dient nicht nur zum Informations- und Gefühlsaustausch, sondern auch zur Unterstützung derjenigen, die sich derzeit in niedrig schwingenden

Energien befinden. Hier können wir dem Betroffenen, sofern er sich dem Herznetz angeschlossen hat, viel Liebe senden, damit er wieder zu Kräften kommt und weiter den Weg seines Herzens gehen kann.

Bei der Herzkommunikation ist die Entfernung nicht entscheidend. Informationen, Energien und ähnliches können sofort über das Netz geschickt werden, und der Empfangende erhält sie im selben Moment. Jeder, der sich bereits an das Herznetz angeschlossen hat, kann helfen, das Herznetz und die Herzkommunikation zu stärken. Dabei sollten wir darauf achten, dass wir unsere Eigenschwingung immer hoch halten, aus unserem Herzen und in Liebe leben und auf die Führung der göttlichen Quelle hören und ihr vertrauen.

Wir können unsere Aufmerksamkeit noch mehr auf die Wahrnehmung der Energien richten, die uns umgeben, die wir empfangen und fühlen. Dabei spielt die Kommunikation zu unserem Herzen eine große Rolle. Wenn wir uns darin üben zu unterscheiden, welches unsere eigenen und welches fremde Gefühle sind, welche Energien und Informationen wir von der göttlichen Quelle und von unserem Herzen empfangen, werden wir immer sensitiver für die Herzkommunikation. Diese Art von Datenübertragung wird in der Zukunft an Wichtigkeit zunehmen. Gerade wenn wir uns von der Dritten Dimension vollkommen lösen und uns mit der Fünften Dimension verbinden, ist es entscheidend, dass wir uns auf der energetischen Ebene der Kommunikation auskennen und sie auch praktizieren.

Wir sollten gefestigt darin sein, auf unser Herz zu hören, damit wir unbeirrt weiter unseren Lebensweg in höhere Dimensionen gehen können. Diese neue Art von Kommunikation stellt am Anfang eine große Herausforderung dar, die wir aber mit Bravour lösen werden. Nach einiger Zeit werden wir uns an wundersame Zeichen und Geschehnisse gewöhnt haben, unseren Durchsagen und Herzensgefühlen trauen und danach handeln. Alles wird sich fügen, natürlich nur zu unserem Besten! Vertrauen wir unserem Herzen, dann werden wir das Glück auf Erden erleben.

Lichtebene

Die Lichtebene setzt sich aus der Ebene der göttlichen Quelle und einem horizontalen Lichtstrahl zusammen, der sich mit der Erde und unserem Höheren Selbst verbindet. Diese einzigartige Verbindung zur Lichtebene wird nur dann hergestellt, wenn die Seele schon dafür bereit ist, sich ihr zu öffnen. Dieser Lichtstrahl stellt sozusagen den Lichtkanal zur göttlichen Quelle, zu den göttlichen Energien und Lichtwesen dar. Durch ihn wird uns das göttliche Wissen vermittelt und Energien gesendet, die wir benötigen. Dieser Lichtstrahl (diese Lichtsäule) kann sich entweder in Sekundenschnelle aufbauen oder langsam entstehen. Es kommt dabei immer auf die Situationen und auf die Tätigkeiten der empfangenden Personen an.

In der Lichtebene selbst gibt es nur die göttliche Quelle, jedoch können sich alle Lichtwesen, wie zum Beispiel Engel, Sternenengel, Heilige, Elementarwesen sowie Aufgestiegene Meister und Meisterinnen in dem Lichtstrahl aufhalten, sich einklinken und mit ihm verbinden. Der Lichtstrahl, der auf uns herabstrahlt, ist nicht in seiner Größe begrenzt und kann unendlich sein.

Lichtkanal

Dieser Lichtstrahl, der der göttlichen Quelle entspringt, verwandelt sich in der Verbindung mit uns in einen Lichtkanal, der Informationen und Energien zu uns sendet und auf die Erde leitet. Durch ihn können wir bewusst eine direkte Verbindung zur göttlichen Quelle herstellen. Bei besonderen Ereignissen oder Situationen kann dieser Lichtkanal auch unbewusst aufgebaut werden. Er ist die bewusste wie auch unbewusste Verbindung zur göttlichen Quelle und ihren Lichtwesen.

Sekundenschneller Aufbau des Lichtkanals

Entsteht der Lichtkanal wie bei einem Lichtboten oder einem Zusammentreffen von zwei Seelenpartnern augenblicklich, lösen sich alle Ebenen auf, Zeit und Raum verschwinden und es wird sofort eine direkte Verbindung zur göttlichen Quelle hergestellt. Diese Lichtsäule steht unter göttlichem Schutz, sodass diejenigen, die sich in dieser Energie aufhalten, vollkommen geschützt sind. Dieser Vorgang ist immer ein heiliger, aber auch sehr intensiver Moment. Meistens ist dieses Geschehen nicht vorhersehbar, benötigt aber bestimmte Voraussetzungen, um geschehen zu können. Bei den Lichtboten zum Beispiel müssen bestimmte Energien in einer bestimmten Zeit an einem speziellen Ort durchgegeben werden. Dieser Vorgang ist besonders intensiv für die Lichtboten sowie für alle Beteiligten und braucht eine gute Vorausplanung auf der göttlichen wie auf der energetischen Ebene.

Bei einem Zusammentreffen der Seelenpartner kommt es ebenfalls auf die jeweilige Situation und auf die Phase, in der sie sich befinden, an. All das wird beim Aufbau eines Lichtkanals von der göttlichen Quelle und ihren Helfern berücksichtigt und optimal auf sie, die Situationen und das Zeitgeschehen der Erde abgestimmt.

Bewusster Aufbau eines Lichtkanals

Bei Heilern, Energietherapeuten und Lebensberatern, also allen, die mit den göttlichen Energien im Heilungs- und Lebensberatungsbereich arbeiten, ist die Verbindung zur Lichtebene im Moment der Behandlung/Beratung ebenfalls sehr intensiv. Jedoch wird bei diesem Aufbau des Lichtkanals bewusst eine Verbindung zur Lichtebene hergestellt, um optimal arbeiten zu können und reine Durchsagen, klare Informationen und göttliche Energien zu empfangen. Dabei müssen sich nicht immer Zeit, Raum und Ebenen auflösen. Das geschieht nur bei besonderen Ereignissen. Es hängt immer von den Umständen, Situationen und den Menschen ab, wie sich Zeit und Raum dabei verändern.

Energetische OPs in der Nacht

Während wir schlafen, befinden wir uns in anderen Ebenen, je nachdem, was die Seele in dieser Nacht vorhat. Dieser Zustand bietet sich hervorragend dafür an, dass die Engel und anderen Lichtwesen uns in unserer Transformation unterstützen können. Sie behandeln und heilen uns, lösen Blockaden auf, helfen uns beim Übergang in die Fünfte Dimension, unterstützen unseren Körper bei der Umwandlung in den Lichtkörper und vieles mehr. Diese Behandlungen können zuweilen wie richtige energetische OPs ablaufen. All dies geschieht in der Verbindung zur Lichtebene.

Einweihungen

Einweihungen sind energetische Vorgänge, bei denen ein Kanal direkt zur Quelle der eingeweihten Energie installiert wird. Normalerweise würden wir keine Einweihungen benötigen, jedoch hilft uns das, einen schnelleren Anschluss zu den göttlichen Energien zu bekommen. Eine reine Verbindung zur Lichtebene benötigt eine gewisse Zeit der Klärung. Bevor der Kanal zur Lichtebene freigeschaltet werden kann, muss er gereinigt werden, sonst erhalten wir keine reinen Informationen aus der göttlichen Quelle. Diese Reinigung geht konform mit unserer Bewusstseinsentwicklung und Transformation. Je mehr wir unseren Weg des Herzens gehen, je mehr wir uns selbst heilen, je mehr wir unsere Eigenschwingung erhöhen, desto stärker und intensiver wird die Verbindung zur Lichtebene.

Oft erleichtern uns die Lichtarbeiter und Heiler die Transformationsarbeit, indem sie uns helfen, uns und unseren Kanal zur göttlichen Quelle von alten Blockaden, karmischen Verstrickungen, eventuell Besetzungen, Karma und Fremdenergien zu befreien und zu reinigen. Einweihungen geben uns schon im Vorfeld die Möglichkeit, einen kleinen Bereich des Lichtkanals zur Lichtebene zu nutzen. Je nachdem, welche Ursprungsenergien den jeweiligen Einweihungen zugrunde liegen, können einzelne Bereiche des Lichtkanals zu dieser Ursprungsenergie genutzt werden. Solche kleinen Lichtkanäle können uns zum Beispiel mit den Energien von Aufgestiegenen Meistern/Meisterinnen, mit den Heilenergien von Aufgestiegenen Schamanen und Indianern, mit den Energien der fünf Elemente, mit den Heilenergien der Druiden, mit den Energien aus Atlantis und Lemurien oder anderen göttliche Energien verbinden.

Wir können viele Einweihungen machen, bis wir bereit sind, das volle Spektrum einer Verbindung zur Lichtebene über einen vollständigen Lichtkanal zu nutzen. Jeder kann für sich selbst entscheiden, ob es für ihn auf seinem Weg des Aufstiegs wichtig ist, Einweihungen vornehmen zu lassen oder selbst auf sein Herz zu hören und seiner inneren Stimme zu vertrauen. Wie gesagt, oft reicht die eigene Transformation aus, um einen intensiven Kontakt zur Lichtebene herzustellen.

Sananda

Herzzentrum

Das Herz ist das Zentrum für die göttliche Liebe, das göttliche Licht und die Lebenskraft in uns. Es ist das wahre Machtzentrum der Menschen, die Schaltzentrale für die stärkste Kraft im Universum: die Liebe. Aus der Mitte des Herzens strahlt die göttliche Liebe in all ihren Farben, eine einzigartige Kraft, die die Welt erhellt. Sie berührt alle Menschen in ihrem Herzen, sofern sie es zulassen. Dieses Leuchten kann so stark werden, dass viele nicht in dieses Licht schauen können. Sie empfinden es als zu hell, so, als würden sie direkt in die Sonne schauen. Sie werden geblendet und wenden sich ab.

Bis wir dieses starke innere Leuchten erreichen und so viel Liebe aussenden, müssen wir erst alle Verletzungen, Blockaden und Hindernisse in unserem Herzzentrum heilen. Durch diese innere Heilung kann die göttliche Liebe wieder ungehindert durch uns fließen. Am Anfang dieser Transformation ist nur ein kleiner Strahl sichtbar, der aus unserem Herzen strahlt. Arbeiten wir stetig an uns weiter, lässt das Herzzentrum immer mehr Strahlen durch, bis sie sich später zu einem einzigen großen Strahl vereinen. Alle Blockaden und Mauern sind dann in Licht und Liebe aufgelöst, und die Seele ist bereit für eine höhere Stufe der Bewusstwerdung. Das Herz ist nun das Zentrum und der Vermittler der göttlichen Liebe.

Die göttliche Quelle gibt uns jederzeit die Möglichkeit, sich mit ihr zu verbinden, damit wir uns ausreichend mit göttlicher Liebe auffüllen können. Schaffen wir es, eine stetige Verbindung aufrechtzuerhalten, werden wir immer mit göttlicher Energie versorgt. So kommen wir nie wieder in die Situation einer niedrigen Eigenschwingung. Die verdichtete Energie hat keine Möglichkeit mehr, sich an unsere Eigenschwingung zu koppeln. Es bietet sich keine Stelle mehr zum Andocken. Halten wir unsere Eigenschwingung hoch, ziehen wir nur hoch schwingende Energien im Außen an.

Natürlich dauert es noch einige Zeit, bis wir es schaffen, eine permanente Verbindung zur göttlichen Quelle aufrechtzuerhalten, zu stark sind manchmal die Einflüsse von außen. Jedoch wissen wir, wie wir wieder in eine hohe Eigenschwingung gelangen. Auch Tiefpunkte können noch in unserem Leben auftauchen. Das passiert aber nur, wenn wir uns zu unbewusst in die Energien und Einflüsse der Dritten Dimension begeben, wie zum Beispiel bei Veranstaltungen, beim Fernsehen, beim Lesen von Zeitungsberichten, sogar während eines Telefongesprächs oder bei Kontakten zu Menschen, die sich noch in alten Energien befinden.

Das erste auffällige Symptom für die Beeinflussung von außen, das wir an uns bemerken, ist eine bleierne Müdigkeit. In dieser Phase sind wir am anfälligsten für unsere alten EGO Muster! Alte Gedanken, Ängste und Zweifel können durch die Energien der Dritten Dimension wieder aktiviert werden und sich in uns ausbreiten. Diese

Beeinflussung von außen ist schleichend und kaum zu erfassen. Ohne es zu bemerken, senkt sich unsere Energie, und wir sind wieder anfälliger für altes Denken.

Doch nun ist die Zeit gekommen, in der wir genügend Techniken an die Hand bekommen haben, um uns aus diesen alten Mustern wieder zu befreien oder erst gar nicht hineinzufallen. Wir wissen nun, wie wir unsere Schwingung erhöhen und die Verbindung zur göttlichen Quelle wieder herstellen können. Durch ein bewusstes Leben in der Gegenwart und eine erhöhte Wahrnehmungsfähigkeit gelingt es uns immer mehr, in der hohen Schwingung der Liebe zu bleiben. Somit sind wir automatisch vor den Einflüssen der Dritten Dimension geschützt.

Aufbau des Herzzentrums

Das Herzzentrum ist komplexer aufgebaut und sensitiver in seiner Energie als die anderen Organzentren. Da es in unserem Leben immer um die Liebe geht, ist unser Herzzentrum sehr empfindlich gegenüber allem, was wir erleben, sehen und fühlen. Der Sinn des Lebens ist es, mit dem Herzen zu sehen und in wahrer göttlicher Liebe zu sich und anderen zu leben. Alle Menschen haben sich verschiedene Lebensaufgaben mit individuellen Startbedingungen und Erlebnissen ausgewählt, aber mit einem gemeinsamen Ziel, nämlich in Liebe mit sich und ihrer Umwelt zu leben. Reich an Liebe zu sich und anderen zu sein, ist der wahre Luxus und Reichtum in unserer Welt, auch wenn das viele Menschen noch nicht erkannt haben. Alle Hindernisse, Ereignisse sowie körperliche und seelische Beschwerden sind dazu da, um uns wieder näher zu unserer Herzensliebe zu bringen. Das Herzzentrum bietet uns somit viele Möglichkeiten zur persönlichen Weiterentwicklung und inneren Heilung. Alle Verletzungen und Blockaden, die wir in diesem Leben erfahren haben, sind in unserem Herzen sichtbar, soweit wir sie nicht schon geheilt haben. Das Herzzentrum hat sich im Laufe der letzten Jahrhunderte in mehrere Bereiche aufgeteilt, einerseits um sich vor weiteren Verletzungen von außen zu schützen und sich andererseits die innerste Herzensflamme zu bewahren.

Die vier Bereiche des Herzzentrums

1. Der äußere Bereich, die Schutzmauer, die wie ein Filter wirkt.
2. Der Zwischenbereich, der für die Verarbeitung der eingehenden Informationen und dem Erlebten fungiert.
3. Die Pforte, eine dünne energetische Schicht, die wie eine Barriere vor dem Innersten des Herzzentrums steht und alles prüft, was in die Herzensflamme hinein möchte.
4. Der innerste Raum des Herzzentrums, in dem die Herzensflamme brennt.

Der äußere Bereich, die Schutzmauer

Einerseits bietet uns der äußere Bereich optimalen Schutz vor Verletzungen, andererseits kann eine selbstgebaute Schutzmauer so groß und uneinnehmbar werden, dass Liebe weder hinein- noch hinausfließen kann. Die natürliche Schutzfunktion des Herzens wehrt energetische Verletzungen und das dazu Erlebte ab, indem sie sie langsam in die Zwischenschicht hineinlässt und sie so weit umwandelt, dass sie nicht mehr schaden können. Danach werden diese Energien ins Herz weitergeleitet, wo sie zu gegebener Zeit in Liebe transformiert werden. Die Zeit spielt dabei eine heilende Rolle. Kommen zu viele Verletzungen in dieser Zeit hinzu, baut sich eine große Blockade vor der Pforte des Herzens auf. Die Seele braucht nun mehr Zeit für die Verarbeitung und das Abtragen der Blockaden.

Die Arten der selbst aufgebauten Schutzmauern unseres Herzens sind sehr vielfältig, oft gibt es nicht nur eine Schutzschicht, sondern mehrere, die aufeinander aufgebaut sind. Jede erneute Verletzung wurde dann mit einer extra Schutzschicht ummantelt. War diese nicht ausreichend, wurde eine weitere hinzugefügt. In diesem Fall geht es nicht mehr darum, seine Herzensflamme zu schützen, sondern die Verletzungen und die damit verbundenen Gefühle zu unterdrücken, damit wir sie nicht noch einmal durchleben und fühlen müssen. Zu schmerzhaft waren sie.

Bei vielen Menschen ist auf der energetischen Ebene nur mehr ein Eisenherz zu erkennen, das mit einem dicken Schloss versehen ist. Sie haben sich dazu entschlossen, ihr Herz mit Eisen zu ummanteln, damit sie vor jeder möglichen Verletzung geschützt sind. Diese Menschen strahlen keine Wärme mehr aus und können sich auch selbst keine mehr geben. Sie wirken kalt, ohne Liebe und Gefühl. Sie können nicht mehr spüren, was sie in ihrem Herzen fühlen. Für diese Menschen sollten wir besonders viel Liebe und Toleranz aufbringen, damit sie den Glauben an die Liebe und an das Gute im Leben wiederfinden können.

Der Zwischenbereich

In dem Zwischenbereich werden die eingehenden Verletzungen und entstandenen Blockaden in eine bestimmte Energieform umgewandelt, damit sie in das Herzinnere zur Transformation gelangen können. In diesem Zwischenbereich können sich nicht nur äußere Verletzungen aufhalten, sondern auch alte, selbst gewählte Glaubenssätze, Programme und dadurch entstandene Blockaden. Diese gilt es nach und nach in positive Energieformen umzuwandeln.

Es ist die eigentliche Transformation, die uns bei unserem Aufstieg in die Fünfte Dimension hilft. Denn alle alten Programme, Entscheidungen und Glaubenssätze waren die Ursache dafür, warum wir schwierige Situationen in unserem Leben angezogen und Verletzungen erst möglich gemacht haben. Auch wenn wir diese in positive Formen umwandeln, werden wir danach noch ab und zu mit entsprechenden Situationen konfrontiert werden, um zu prüfen, ob wir wirklich alle alten Energien in uns losgelassen haben. Bleiben die energetischen Blockaden zu lange bestehen, nehmen sie eine reale Form an, das heißt, dass in diesem Bereich des Herzzentrums Herzkrankheiten entstehen können.

Lebensgefährlich wird es, wenn der Zwischenbereich komplett mit Blockaden zu ist und kein Spielraum mehr für die Liebe bleibt. Die Energie nimmt dort ab, alles wird dunkel. Tritt der absolute energetische Stillstand ein, macht sich das als lebensbedrohliche Krankheit im realen Herzen bemerkbar. Das Herz wird vollkommen von den Blockaden eingeengt und kann auf nichts mehr reagieren. Durch die real auftretenden Schmerzen im Herzen werden die Menschen direkt mit der blockierten Herzensenergie konfrontiert.

Herzschmerzen, Herzkrankheiten und Herzbeschwerden bergen immer die Energie der Todesnähe in sich, und es kann sein, dass sich der Betroffene von dieser Energie einschüchtern lässt und seiner Angst die Führung über sich und sein Leben übergibt. Die Seele und das Herz werden von dem Ego regelrecht eingenommen, und so schwindet langsam die Kraft, sich davon zu befreien. Es fehlen die Energie und die Motivation, sich um die wahren seelischen Ursachen eines blockierten Herzens zu kümmern. Dabei ist das eine große Chance, sich der Herzheilung zuzuwenden. Nur eine innere Heilung führt zur äußeren. Deswegen ist es so wichtig, dass wir uns der Heilung unseres Herzens und der innewohnenden Liebe widmen.

Die Pforte

Die Pforte prüft, ob die eindringenden Energien wirklich schon für eine Transformation im Herzen bereit sind.

Die Pforte kann sich, je nach dem Erlebten, mehr oder weniger verschließen oder öffnen.

Herzzentrum und Herzflamme

Die Energie des Herzens ist so stark, dass alles, was man in das Herzzentrum hineingibt, in Liebe umgewandelt wird. Im tiefsten Herzen sitzt die Herzflamme, die in einem engen Zusammenhang mit unserer Seelenenergie steht. Sie ist das Lebenslicht, das uns mit Energien für unser gesamtes Leben versorgt, und hält unsere ursprünglichste, die göttliche Seelenenergie, in uns aufrecht. Die Herzflamme ist für die reale Lebensenergie unseres Körpers und für das Energiepotenzial unserer Auraschichten zuständig. An ihrer Größe kann man die momentane Lebensenergie ablesen. Ist sie erloschen, stirbt auch unser Körper. Das ist ein Zeichen für die Seele, in eine andere Dimension zu gehen, um sich dort weiterzuentwickeln. Die Herzflamme war ihr Pendant auf Erden.

Bei Menschen, die im Sterben liegen, befindet sich dort die letzte Energiequelle, die wir als Wärme im Bereich des Herzchakras mit den Handflächen wahrnehmen können. Die Flamme ist so schwach geworden, dass sie keine Kraft mehr hat, den ganzen Körper mit Wärme und Energie zu versorgen, er ist erkaltet und lässt sich nicht mehr erwärmen. Doch die Herzflamme brennt bis zum Schluss, wenn auch schwach. Diese innere Kerze, die als Symbol für die Energie unserer Seele steht, ist sehr stark und brennt immerwährend, auch mit kleinerer Flamme, wenn all unsere Energie und Eigenschwingung etwas abgesunken sind. Sie flackert ebenso, wenn sich unser Körper in einem absoluten Energiedefizit befindet. Sie ist das letzte Licht, das in unserem energetischen Körper, in unserem Herzzentrum erlischt. Deshalb ist es wichtig, dass wir regelmäßig unser inneres Licht wieder neu entfachen beziehungsweise die Flamme neu erstrahlen lassen.

Die Herzflamme ist bei optimaler Auslastung nicht mehr als Kerze zu erkennen, sondern als ein reines strahlendes Herz, gefüllt mit göttlicher Liebe. Wie eine Sonne, die aus dem Herzchakra strahlt. Bei einem hoch schwingenden strahlenden Herzzentrum ist seine Größe dreimal so groß wie sein eigentliches körperliches Herz. Üben wir uns in Herzmeditation, wächst unser Herzzentrum immens an, wir können dann selbst entscheiden, wie groß es wird und wie weit wir es erstrahlen lassen. Für die Strahlen und ihre Kraft sind keine Grenzen gesetzt. Wir können sie sogar in Vergangenheit, Zukunft und andere Dimensionen erstrahlen lassen und sie bewusst dorthin lenken.

Verbinden wir unsere Herzflamme bewusst mit unserer Seele und unserem Höheren Selbst, integrieren wir die Göttlichkeit in uns. Wir leben nun den Himmel auf Erden und bringen das Paradies in die „wirkliche" Welt. Wir sind wieder EINS mit uns. Bis wir aber in das Herzinnere vorgedrungen sind, um wieder EINS mit uns zu werden und in Liebe zu leben, sollten wir den Weg zu unserer Herzflamme freiräumen, indem wir die bestehenden Blockaden und Verletzungen in unserem Herzzentrum erkennen und heilen.

Herzblockaden

Herzverletzungen sind wie Seelenverletzungen, sie sind extrem schmerzhaft und können lange andauern. Hellsichtige sehen ein verwundetes Herz mit Pfeilen, Speeren oder Verbrennungen, je nachdem, welche Verletzungen dem Herz zugefügt wurden. Diese gilt es zu heilen und zu entfernen, um wieder freien Zugang zum Herzen zu bekommen.

Lassen wir uns Zeit mit der Transformation der Verletzungen und bei der Auflösung der Blockaden, und geben wir uns die Zeit, die wir brauchen, um in Ruhe zu heilen. Das Herz ist sensibel, und so sollten wir es auch behandeln. Die eingemauerten Gefühle wollen freigelassen werden. Mit Gotteskraft, mit unseren Engeln, den Aufgestiegenen Meistern, Heilern, Lichtarbeitern und lieben Menschen schaffen wir es, diese großartige Heilung anzugehen. Auch wenn wir durch schlimme Zeiten gehen und/oder durch Transformation unseres Herzens verletzlicher werden, sollten wir uns immer bewusst sein, dass wir nie alleine sind. Wer den Mut hat, sich diesem Heilungsprozess zu stellen, steht automatisch unter Gottes Schutz. Denn wer sich entschlossen hat, sein Herz zu öffnen, um wieder in göttlicher Liebe zu sein und diese zu leben, hat den wahren Sinn des Lebens erkannt und trägt so zur Transformation der Erde und der Menschheit bei.

Sind alle Blockaden entfernt und ist die Schwingung des Herzzentrums angehoben, verschmelzen die vier verschiedenen Bereiche zu einem großen Herzen. Die unterschiedlichen Einteilungen sind nicht mehr notwendig, da wir es in dieser Phase gelernt haben, mit den äußeren und inneren Einflüssen zu leben. Ist das Herzzentrum durch bestimmte Umstände wieder angreifbar geworden, wird es bei der nächsten Verletzung automatisch wieder in seine Bereiche aufgeteilt. Außer wir sind schon so stark mit unserer Seele, unserem Herzen und der göttlichen Quelle verbunden, dass Fremdenergien sofort in Licht und Liebe umgewandelt werden. Die Liebe, die wir von unserem Umfeld empfangen, hilft uns dabei, unsere Herzensliebe und Herzensstrahlen zu intensivieren.

Menschen jedoch, die in Gier, Machtmissbrauch, Neid, Eifersucht und im Kampf leben, haben sich gegen die Herzensliebe entschieden. Sie haben sich eine Schutzschicht um ihr Herzzentrum aufgebaut, um nicht mehr angreifbar zu sein und nach außen hin nicht schwach zu wirken. Hält dieses Verhalten länger an, verkümmert die restliche Liebe in ihrem Herzen. Die innere Wärme verfliegt, und die Herzflamme scheint immer schwächer. Alle eingehenden Gefühle, Energien oder die Liebe prallen von vorneherein an der riesigen Schutzmauer ab. Es gibt keine Verbindung mehr nach außen, zu sich selbst und zur göttlichen Quelle. Jegliche Energieversorgung ist somit abgeschnitten. Kein Licht, keine Liebe kann mehr die innere Kerze stärken, neu entfachen oder nähren. Alle Gefühle erstarren.
Die Kälte und die alten Energien der Dritten Dimension haben nun ein leichtes Spiel und können den Menschen total übernehmen und somit manipulieren und kontrollie-

ren, ohne dass er es merkt. Jedoch erhält jeder Mensch immer wieder die Chance in seinem Leben, sich für die Liebe zu entscheiden.

Herzchakra – Herzzentrum

Das Herzzentrum liegt tief im Herzchakra und wird von ihm umrandet. Wenn wir das Chakra des Herzens geöffnet haben, heißt es noch lange nicht, dass wir zu unserer Herzflamme freien Zutritt haben. Es ist die erste Tür, die wir zu unserem Herzzentrum durchschreiten. Der Anfang für die wahre Heilung unseres Herzens beginnt dort. Es lohnt sich, durch diese Tür zu gehen, denn wir lernen beziehungsweise erinnern uns, göttliche Liebe im Herzen zu fühlen, zu senden und zu empfangen. Trauen wir uns, diesen wichtigen Schritt zu gehen. Schließen wir die erste Tür auf.

Herzensliebe

Unser Herz hat die besondere Fähigkeit, bedingungslos und göttlich zu lieben, wenn wir gewillt sind, dieses zuzulassen und es zu öffnen. Wenn wir eins mit uns, unserem Herzen und der göttlichen Quelle sind, bilden sich die Strahlen der Herzensliebe. Diese Strahlen der Liebe erzeugen eine göttliche Schwingung, die so stark ist, dass sie alles in ihrem Umfeld heilen kann. Die Herzensliebe ist die stärkste Energie auf Erden. Sie ist anders in ihrer Ausstrahlung als die höchste Liebe aus der göttlichen Quelle. Die göttliche Liebe wird mit Herzenswärme in uns angereichert und verleiht ihr so eine besondere wärmende und erdende Ausstrahlung, eine Art zärtliche Geborgenheit.

Menschen, die es geschafft haben, nach ihrem Herzen zu leben, sich der Führung Gottes zu überlassen und sich mit ihrer Seele zu verbinden, können ihre göttliche Herzensliebe bewusst für die Heilung und Transformation der Erde und ihrer Bewohner einsetzen. Wir können die Herzensliebe an ein gewünschtes Ziel senden. Das kann ein Land, das können Menschen, die Natur, Tiere oder andere Bereiche sein. Die wunderbaren Strahlen der Herzensliebe leuchten in einem göttlichen Weiß-Gold-Rosa. Je nach Situation werden andere Farben zur Heilung mit eingebracht.

Die Herzensliebe wird von der göttlichen Quelle durch das Herzzentrum in die Welt hinausgestrahlt. Öffnen wir unser Herz, sind wir sozusagen die Vermittler der göttlichen Herzensliebe. Unser Herz wird durch die stetige

Verbindung zur göttlichen Quelle immer mit Liebe gefüllt, und so können wir diese heilende Energie auch für uns selbst nutzen, für unser Wohlergehen und unsere Gesundheit. Lassen wir regelmäßig Liebe in unseren Körper, in unsere Zellen und in unsere Aura fließen, erhöhen wir unsere Schwingung. So können wir unsere Gesundheit stärken und unserem Körper helfen, sich leichter in den Lichtkörper umzuwandeln. Dies können wir zu einer täglichen Übung machen, damit wir stetig in einer hohen Schwingung und in der Liebe bleiben. Unsere Zellen werden mit der göttlichen Liebe energetisiert und aufgefüllt. Blockaden und dunkle Stellen werden so in Liebe transformiert.

Die zarten, aber kraftvollen Strahlen der Herzensliebe sind in ihrer Art einzigartig und deswegen so wertvoll. Sie helfen den Menschen und der Erde, sich zu transformieren und in der wahren Liebe zu leben. Die Herzensliebe hat die Fähigkeit, jegliche Blockaden, alte Strukturen und Formen aufzulösen, damit wir in eine neue Dimension aufsteigen können. Wir können die Liebe in alles Mögliche einfließen lassen, wie zum Beispiel in unser Leben, in unsere Tätigkeiten, in unsere Herzenswünsche, in Beziehungen, zu unseren Mitmenschen, zu Tieren, in Gegenstände und vieles mehr. Wir können mit der Sendung von Herzensliebe sehr kreativ sein. Die ganze Natur, alle Lebewesen, einzelne Bereiche, Situationen und Ebenen, ja, sogar Gegenstände, die wir mit unserer Herzensliebe „bestrahlen", erhöhen ihre Schwingung, werden harmonisiert und nehmen an Energie und Liebe zu. Als Resonanz aus unserer Umwelt erhalten wir ebenso die göttliche Liebe zurück. Die Herzensliebe ist die Grundenergie, die benötigt wird, um ein Herznetz auf Erden erst möglich zu machen.

Liebe durch Herz und Hände

Herzensliebe kann auch über unser Herz durch unsere Arme über die Handflächen nach außen geleitet werden. Es ist dieselbe Funktion wie bei einem Heiler, wenn er seine Hände auflegt. Er verbindet sich mit der göttlichen Quelle und lässt die heilenden Strahlen der Liebe über sein Herz und seine Hände in den Körper des zu Behandelnden strömen. Meistens fühlt der Heiler dann ein Kribbeln in seinen Händen, und sie werden warm oder sogar heiß.

Schon früher wurde diese Besonderheit in Gemälden von Jesus, Maria und anderen Heiligen dargestellt. Sie strahlen göttliche Liebe und Barmherzigkeit über ihre Herzen durch ihre Hände beziehungsweise Handflächen aus. Diese Fähigkeit wurde seit jeher den Heilern verliehen. Damals wie heute war und ist es von großer Wichtigkeit, dass die Heiler und Lichtarbeiter ein reines Herz haben und ohne eigennützige Absichten arbeiten. Denn nur die wahre göttliche Liebe hat die Kraft der Heilung.

Herzensliebe der Kinder

Die Herzensliebe der Kinder, besonders in den ersten Lebensmonaten, hat eine ähnliche Qualität und Energie wie die Herzensliebe der Heiligen. Die Zeit, in der sie sich in einer lichtvolleren Ebene und näher an der göttlichen Quelle befanden, ist noch nicht so lange her wie bei Erwachsenen. Sie sind deshalb von einer licht- und kraftvollen Aura umgeben, die angefüllt ist mit göttlicher Liebe in ihrer reinsten Form. In dieser Phase sind sie kleine Heilige, die durch ihre Herzstrahlen ihre Umwelt energetisieren, heilen und transformieren. Diese besondere Zeit kann sehr lange andauern, dabei kommt es auf die Erziehungsart und das Umfeld an, ob ihr Dasein und Potenzial gestärkt und gefördert oder geschwächt und unterdrückt werden. Waren diese wunderschönen „kleinen" Seelen erwünscht und werden sie in ihrem Sein unterstützt, können sie sich diese reine Herzensliebe und kraftvolle Aura bewahren und für ihr Leben erfolgreich nutzen.

Freie Herzensliebe

Herzensliebe entsteht von alleine, ohne die Liebe eines anderen. Sie ist unabhängig von Situation, Zeit und Raum. Sie ist frei von äußeren Umständen und Faktoren. Sie hängt nur von uns selbst ab, ob wir sie wieder empfinden, frei fließen lassen und mit ihr leben wollen. Die Liebe eines Kindes oder eines Partners, um nur zwei Beispiele zu nennen, kann die Heilung unseres Herzens nur unterstützen, die Liebe sozusagen anstupsen, aber öffnen müssen wir unser Herz schon selbst. Aus diesem Grund sollten wir unsere Aufmerksamkeit auf unser Herz richten, damit wir die Ursachen für die Verletzungen und Blockaden, die in unserem Herzen noch innewohnen, erkennen und heilen können. Die Entscheidung zu treffen, nach und aus dem Herzen zu leben, ist der erste Schritt in Richtung Herzensliebe. Erst mit diesem Entschluss werden verschiedene Faktoren in Gang gesetzt, um den Weg der Herzöffnung beschreiten zu können.

Gespeicherte Herzensliebe

Sämtliche Herzensliebe, die wir jemals empfunden haben, auch in früheren Leben, ist in unserem innersten Herzen gespeichert. Unsere Seele sichert sich diese seltenen Momente des Glücks in unserem Leben, damit die Verbindung zur göttlichen Quelle nie verloren gehen kann. Die Liebe wird im tiefsten Punkt unseres Herzens gespeichert. Dort befindet sich der sicherste Speicherort für die göttliche Liebe, der uns die Rückkehr in die Lichtebenen garantiert, wo unsere Seele zu Hause ist. Die gespeicherte Liebe wird beim Verlassen der Erde aus dem Herzen herausgelöst und verbindet sich sofort mit den höheren Lichtebenen. Ihr folgt die Seele. Die gespeicherte Liebe ist somit der Wegweiser für unsere Seele in unsere Ursprünglichkeit.

Die gespeicherte Liebe kann vergrößert oder unterdrückt werden, je nachdem, für welchen Weg sich der Mensch entscheidet. Empfindet die Seele regelmäßig wahre Liebe, vergrößert sich die Kapazität der Aufnahme für göttliche Liebe in unserem Herzen. Dadurch wird unsere innere Herzflamme gestärkt und unsere Liebesfähigkeit in uns und zu unserer Umwelt gesteigert. Wenn wir wahre Liebe empfinden, sind wir in diesem Augenblick EINS mit der göttlichen Quelle. Ein heiliger Moment entsteht, und dieser wird sofort von der Seele in unserem Herzen abgespeichert, damit er nicht verloren geht.

Durch die Herzensliebe können wir alles in unserem Leben erreichen, alle unsere Herzenswünsche erfüllen, die im Dienste des Göttlichen stehen. Sie verkörpert die Reinheit unserer Seele und führt uns zu der Erleuchtung, die wir uns immer ersehnt haben. Die Kraft dieser Liebe ist eine sehr intensive Energie, die alles und jeden in Liebe transformieren kann.

Um dieses mit dem eigenen Herzen zu erreichen, sind wir aufgefordert, alles Erdenkliche dafür zu tun, um Liebe, und alles, was in ihrem Sinne steht, wie zum Beispiel Frieden, Vertrauen, Lebensfreude, hier auf Erden zu erschaffen. Jeder von uns ist dazu aufgerufen, Verantwortung für sich zu übernehmen, um diese wunderschöne Vision zu realisieren.

Oft haben wir uns selbst Steine in den Weg gelegt, weil wir dachten, es ist besser für uns, nicht die Herzensliebe zu leben. Zu schmerzhaft war es, zu sehr wurden wir verletzt und haben wir uns verletzen lassen. Doch nun ist

die Chance hier auf Erden gekommen, um unsere vollkommene Herzensliebe wieder anzunehmen, zu aktivieren und zu leben. So können wir eine neue Zeit des Bewusstseins, der Liebe und des Friedens verwirklichen.

Blockierte Liebe

Blockierte Liebe sind Liebesanteile im Herzinneren, die abgespalten sind. Liebe, die nicht mehr gelebt werden will oder darf. Diese Blockaden entstehen, wenn wir uns einmal entschlossen haben, diese Liebe nicht mehr zu leben beziehungsweise zu unterdrücken. Das kann sein, wenn sich zwei Partner trennen, bei Freundschaften, die auseinandergehen, und ähnlichen Situationen. Die Liebe wird aus dem Inneren des Herzen abgespalten. Sie wäre zu schmerzlich für uns, und so haben wir uns dafür entschieden, sie wegzuschieben. Blockierte Liebe wirkt sich auf unser ganzes Leben aus. Alle Bereiche werden blockiert. Die Energie kann nicht mehr frei fließen.

Es geht hier um die wahre Liebe des Herzens, nicht um die Liebe, die aus Angst und Zweifel entspringt. Bedingungslose Liebe ist leicht und fließt zu allen Zeiten, in allen Dimensionen. Sie ist frei, unabhängig und nicht an die Ebene der Erde gebunden. Unterdrücken wir diese wundervolle Liebe, gehen wir in den Widerstand mit uns und mit unserem Leben. Herzverbindungen jedoch bleiben immer bestehen, auch wenn wir uns trennen. Blockieren wir diese, leiden auch unsere Liebesfähigkeit und unser Herzzentrum darunter.

Liebesanteile sehen wie kleine, mit Farbe gefüllte Bläschen aus. Die unterschiedlichen Farben stehen für die besondere Energie einer jeweiligen Beziehung. Bei der Abspaltung werden sie mit einer dunklen Farbe ummantelt, damit sie nicht mehr erstrahlen können. Sie werden ab jetzt unterdrückt und sind nicht mehr zugänglich. Werden diese Bläschen bei der Transformation aufgeschlossen und wieder angenommen, erhöhen sie unsere Liebesfähigkeit.

Das Herz hat die Fähigkeit, alles in seinem Inneren in Liebe zu transformieren, nur bei der abgespaltenen Liebe ist das nicht so einfach. Annehmen – vergeben – loslassen sind die Zauberworte für die Heilung einer blockierten Liebe. Sind wir in unserem Herzen verletzt oder enttäuscht worden, bleiben uns zwei Möglichkeiten: Entweder wir nehmen diesen Schmerz in Liebe an, oder wir spalten sie ab und unterdrücken sie.

Ende einer Partnerschaft

Oft fällt uns das „Annehmen in Liebe" besonders am Anfang einer Trennung sehr schwer, denn das Ego hat in diesem Moment das Kommando über unsere Gefühlswelt übernommen. Wir sind mit allen unseren ehemaligen Partnern über unsere Herzen verbunden, und es bringt nichts, wenn wir die Liebe zu ihnen unterbrechen, abschneiden oder unterdrücken. Damit schaden wir nur uns selbst, und die Intensität unserer Liebesfähigkeit nimmt mit der Zeit ab.

Eine Unterbrechung einer Herzverbindung kann die innere Kommunikation unseres Herzens mit uns und unserer Umwelt stören. Nur durch stetige Heilungsarbeit kann dieser Kontakt auf der Herzebene wieder hergestellt werden. Dabei hilft uns die Vergebung, sie heilt uns und die Verbindung zu unseren Mitmenschen.

Für viele wird es schwierig werden, eine positive liebende Einstellung zu ihren ehemaligen Partnern herzustellen, aber die Verbindung zu ihnen wird energetisch immer existieren. Es wäre ein großer Energieaufwand, diese Herzverbindungen willentlich zu unterbrechen und regelmäßig energetisch zu durchtrennen. Wenn wir bereit sind, nach der Phase des Kummers, des Schmerzes und der Wut zu vergeben und loszulassen, verändert sich die Qualität der Liebe zu unseren ehemaligen Partnern. Es entsteht eine neue, andere Liebe zu ihr/ihm, mit der wir harmonisch und frei leben können.

Weitere Ursachen für blockierte Liebe

Kein Empfang

Nicht nur das Senden von Liebe kann ein Problem darstellen, sondern auch das Empfangen. Der Wert des Empfangens wird oft unterschätzt. Es nützt uns nichts, wenn wir nur Liebe geben können, aber nicht bereit sind, sie in unser Herz zu lassen. Was bringt es uns, wenn wir permanent aktiv sind, Liebe senden, Liebe visualisieren, Liebe erwarten, Liebeswünsche bestellen, wenn das Universum nicht einmal die Chance hat, uns zu antworten? Was bringt es uns, wenn unsere Engel andauernd Geschenke vor unserer Tür abliefern, wir die Tür aber nicht öffnen, um sie zu empfangen.

Es gibt aber noch andere Gründe für eine verschlossene Herzenstür. Vielleicht haben wir Angst, wieder verletzt zu werden, also öffnen wir erst gar nicht unser Herz für eine neue Liebe. Oder wir kennen es nicht, dass wir Liebe erfahren dürfen. Auch dass wir es uns nicht wert sind, die Liebe anzunehmen, kann eine Ursache dafür sein. Viele Jahre vergehen, unser Verhalten hat sich optimal unseren inneren Blockaden angepasst. So haben wir es mit der Zeit verlernt, die wahre Liebe zu erkennen und zu empfangen. Nur die wiederkehrenden ähnlichen Erfahrungen und Situationen in unserem Leben können uns auf unsere inneren Wunden aufmerksam machen, um sie dann zu heilen.

Erwartungen an die Liebe

Die willentliche und unbewusste Forderung und Erwartung, Liebe zu erhalten, kann den Energiefluss zwischen den Herzen stoppen. Jegliche Erwartung tötet jede Art von wahrer Liebe ab. Sie baut so eine große Blockade auf, dass der Weg zum eigenen und zum anderen Herzen versperrt ist. Diese Erwartungshaltung entspringt unserer Angst, unserem EGO.

Erwartungen sind energetische Verstrickungen zwischen zwei Menschen, die besonders in Partnerschaften auftauchen. Sie verhindern jegliche freie Kommunikation von Herz zu Herz. Diese Verstrickungen sehen aus wie Fangschnüre, Tintenfischarme oder energetische Gitter. Der Partner wird von den Ängsten des anderen regelrecht gefangen genommen. Die Konsequenz daraus ist, dass der „Gefangene" nur noch einen Ausweg sieht: sich zu befreien. Er entfernt sich von seinem Partner. Die Liebe kann nicht mehr fließen, und es entwickelt sich eine ungute, verkrampfte Sehnsuchtsliebe, die aus dem Ego geboren wird.

Leben wir weiterhin unsere Ängste, Forderungen und Erwartungen, kann sich diese dunkle Energie wie ein schwarzer Mantel um unser gesamtes Herzzentrum legen. In diesem Moment haben wir wieder einmal die Macht an unser Ego abgegeben. Nun ist es an uns, der Ursache unserer Erwartungshaltung auf den Grund zu gehen. Warum wollen wir unbedingt die Liebe des anderen? Warum verlangen wir bestimmte Handlungen und Pflichten von unserem Partner? Warum können wir ihn nicht selbst entscheiden lassen, wann er gewillt ist, Liebe zu geben?

Bei der wahren Liebe gibt es keine Forderungen und Erwartungen mehr. Alles beruht auf dem gegenseitigen Vertrauen, auf der Liebe und der inneren göttlichen Freiheit.

Kommunikation zum eigenen Herzen

Die Wiederherstellung der Kommunikation zu unserem Herzen stellt eine große Herausforderung für uns dar. Jahrhunderte haben wir nicht mehr mit unserem Herzen gesprochen und dadurch den Kontakt zu ihm verloren. Vielleicht haben wir manchmal gehört, was uns das Herz sagen wollte, aber nur in den seltensten Fällen konnten wir seinen Wünschen wirklich folgen. Nun sind wir wieder aufgerufen, die Kommunikation zu unserem Herzen aufzunehmen und zu intensivieren.

Warum fällt es uns manchmal so schwer, ihm zuzuhören, seine Rufe zu erwidern? Warum folgen wir immer noch nicht unseren Herzenswünschen? Die jetzige Zeit wäre doch optimal dafür. Doch viele Verletzungen und Blockaden, die sich über die Jahre in unserem Herzen angesammelt haben, verhindern die freie Kommunikation. Nun haben wir die Chance, genau an diesen zu wachsen und zu heilen. Wir haben die vergangenen Erlebnisse gebraucht, damit wir aufhorchen und die Ursachen dafür erkennen. Wir können dankbar sein, dass wir so viel erleben durften. Denn nur hier auf Erden haben wir die Möglichkeit, das volle Spektrum an Erlebnissen und Gefühlen voll auszuschöpfen und zu leben.

Damit wir wieder den direkten Kontakt zu unserem Herzen aufnehmen können, sollten wir uns ganz seiner Heilung widmen. Während dieser Transformation öffnen wir langsam oder auch in einer spontanen Aktion unser Herz und können so die Kommunikation mit ihm wieder erlernen.

Die Kommunikation zu unserem Herzen setzt sich aus folgenden Bereichen zusammen:

- Die Wahrnehmung der eigenen Gefühle,
- die Wahrnehmung von fremden Gefühlen,
- die Gespräche, die wir mit unserem Herzen führen,
- das Empfangen von Energien,
- das Senden von Energien,
- unseren Herzensimpulsen folgen und danach handeln,
- unseren Herzenswünschen folgen und danach leben,
- Verbindung mit der göttlichen Quelle,
- Empfangen der göttlichen Energien,
- aus unserem Herzen in Liebe zu uns und zu anderen leben.

Gefühle, die wir in unserem Herzen wahrnehmen, können sein: Liebe, Freude, innerer Frieden und Ruhe, aber auch Kummer, Leid, Trauer und Wut. Leben wir nicht mehr nach unserem Ego und sind eins mit uns und der göttlichen Quelle, werden wir in unserem Herzen nur noch leichte Gefühle wie Liebe und Freude empfinden. Spüren wir jedoch Trauer, Leid, Wut oder Ähnliches in uns, haben wir uns entweder unserem Ego hingegeben, oder fremde Gefühle aus unserem Umfeld aufgenommen.

Am Anfang sind diese Gefühle nicht so einfach zu unterscheiden, und es kann sein, dass wir erst nach einiger Zeit bemerken, warum wir vielleicht so schlecht drauf sind. Oft passiert es, dass wir die Gefühle des Massenbewusstseins der Dritten Dimension deutlich spüren und sie im ersten Moment als unsere eigenen einstufen. Wenn wir erkannt haben, dass sie nicht von uns stammen, löst sich die schlechte Laune nach einiger Zeit wieder auf. Tut sie das nicht, entspringen diese Gefühle unserem Ego. Ist dies der Fall, sollten wir uns auf unser Herz konzentrieren, uns mit der göttlichen Quelle verbinden und unsere Schwingung wieder erhöhen, damit wir bewusst aus dem Ego-Kreislauf aussteigen können.

Nach dieser kleinen Meditation, in der wir zu unserer inneren Mitte gefunden haben, spüren wir bald wieder die göttliche Leichtigkeit in uns, die unser Sein umspielt. Die Fähigkeit, die Gefühle anderer wahrzunehmen, kann uns aber auch helfen, unsere Mitmenschen besser zu verstehen. Indem wir wissen und spüren, was sie empfinden, können wir sie in ihrer Heilung unterstützen oder sie auch loslassen, wenn sie keine Hilfe wollen.

Viele Menschen, die sich schon länger auf ihrem Transformationsweg befinden, haben bereits die Kommunikation zu ihrem Herzen wieder erlernt. Die Kommunikation kann auf verschiedene Arten stattfinden und bleibt jedem selbst überlassen, wie er sie macht. Die einen führen Gespräche mit ihrem Herzen, die anderen verständigen sich mit Gefühlen und Energien, wieder andere folgen nur ihren Impulsen. Das ist von Seele zu Seele verschieden.

Das Herz hat eine enge Verbindung zu unserem Körper, zu unserem Geist, zu unserer Seele und zu unserem Sein. Deswegen ist es so wichtig, dass wir wieder mit ihm Kontakt aufnehmen und auf es hören. Nur wenn wir wieder unserem Herzen folgen und seine Wünsche umsetzen, werden wir unseren Lebensweg in die Fünfte Dimension finden und gehen können.

Die Herzkommunikation lebt davon, dass wir Energien senden und empfangen. Im Innen, wie im Außen. Mit der Zeit werden wir so empfindsam und sensitiv sein, dass wir vieles, was um uns herum geschieht oder wir in uns fühlen, wahrnehmen und zuordnen können. Der direkte Kontakt zu unserem Herzen eröffnet uns neue Möglichkeiten, und neue Fähigkeiten zu entwickeln erschließt innewohnende Potenziale und erweckt die Herzensliebe, mit der wir alles erschaffen können, was in unserem Herzen liegt.

Botschaft von Jesus Christus

Seid gegrüßt, ihr wunderbaren Wesen!

Ich, Jesus Christus, komme heute zu euch, denn ich habe eine wichtige Botschaft zu verkünden. Einst war ich auf Erden, um die Menschen ihr Sein verstehen zu lassen und die reine Herzensliebe zu lehren. Doch die Zeit war noch nicht reif dafür. Nur wenige haben mich damals verstanden. Heute jedoch ist der Zeitpunkt gekommen, euer Herz wieder zu öffnen und die göttliche Liebe hineinzulassen. Lange genug seid ihr den Weg der Mächtigen der alten Welt gefolgt, jetzt seid ihr dabei, eure eigene Schöpfung zu kreieren. Wovor habt ihr Angst? Warum traut ihr euch nicht? Was hindert euch daran, euch der Führung Gottes zu überlassen?

Schaut nicht mehr zurück in die Vergangenheit, sondern lebt in der Gegenwart. Hier im JETZT spielt sich euer Leben ab. Lasst die Vergangenheit Vergangenheit sein. Alles, was ihr tatet, ist bereits vergeben. Jetzt könnt ihr voranschreiten und die neuen Welten der göttlichen Liebe erkunden und erleben. Die Erde hat bald ihr Ziel, die Schwingung der Herzensliebe, erreicht. Ich lege euch nahe, euch um eure Herzensheilung zu kümmern, damit der Aufstieg in die neue Welt nicht zu hart für euch wird.

Viele sind schon auf dem Weg und das lobe ich mir sehr. Ich betrachte euch in eurer Ganzwerdung, in eurem Sein, in eurer Göttlichkeit, und wundere mich, dass ihr immer noch an eurem Eigenwert zweifelt. Warum nur? Seht ihr nicht, wie einzigartig ihr im Glanz eures Seins erstrahlt?

Geht euren Weg, lauft nicht hin und her, sondern seht den goldenen Weg vor euch. Ihr braucht nur in euer Herz zu sehen und zu erkennen, welche Wünsche ihr habt, dann zeigt sich vor euch der lichtvolle Weg. Geht ihn und seid ein Vorbild für andere, denn sie wissen nicht, wie und wohin sie gehen sollen. Zu viel Verwirrung herrscht zurzeit auf der Welt und lässt viele Ängste und Zweifel aufkommen. Vertraut euch endlich wieder und seht die Herrlichkeit, die ihr ausstrahlt.

Warum verlasst ihr euch auf die Herrscher der alten Welt, die euch so viel Leid antaten? Ihr habt seid jeher gewusst, dass ihr die Macht zur Schöpfung in eurem Herzen tragt. Reicht es nicht, dass ihr euch Jahrhunderte lang von dem Glanz der Gier der Mächtigen der Welt habt blenden lassen? An sie habt ihre eure Macht abgegeben, in dem Vertrauen, dass sie für euch sorgen. Aber sie wollten keine Liebe, sondern Reichtum, Macht und das Licht eurer Seelen. Ist es nicht genug? Holt euch endlich eure Macht zurück und fangt an, eure Welt zu erschaffen, aber dieses Mal aus eurem Herzen.

Liebe, Liebe, Liebe... alles Göttliche ist in diesem Wort enthalten. Liebe, Liebe, Liebe. So war es, so ist es, so wird es immer sein. Nie hat sich daran etwas geändert. Die Essenz des Göttlichen ist in eurem Herzen in der göttlichen Liebe, traut euch, sie endlich wieder voll und ganz zu leben. Auf, auf, auf, der Weg liegt in euch, in eurem Herzen, und ich weiß, dass ihr nun bereit seid, auch diesen Teil des Weges zu gehen.

Ich danke euch für eure Aufmerksamkeit! Geliebt seid ihr auf ewig!

Jesus Christus, genannt Sananda

Lord Melchisedek

Herznetz

Das Herznetz ist die Verbindung der Herzen untereinander. Während des Aufstiegsprozesses in die Fünfte Dimension werden immer mehr Herzen miteinander verbunden, bis sie ein vollkommenes Energienetz von Herzen
über die ganze Erde gebildet haben. Es ist die energetische Verbindung von Herzzentrum zu Herzzentrum der
Seelen.

Das Herznetz wird durch die göttliche Liebe, die Herzensflamme in uns und die Verbindung zur göttlichen
Quelle genährt. Diese Herzverbindungen, die sich über
den ganzen Globus erstrecken, entstehen nur bei Menschen, die bereits einen Großteil an eigener Transformationsarbeit geleistet und eine hohe Eigenschwingung erreicht haben. Ist unser Herzzentrum geöffnet, können diese Herzverbindungen untereinander geschlossen werden,
um das Netz stetig zu vergrößern.

Der Aufbau dieses Herznetzes funktioniert nicht nur
durch persönliches Kennenlernen, sondern auch durch
energetisches Verbinden mit Menschen, die sich bereits
auf der Herzebene befinden. Eine Herzverbindung kann
durch eine bewusste Verbindung in einer Meditation,
durch einen tiefen Blick in die Augen oder unbewusst geschehen. Bei der bewussten Verbindung stellen wir uns
in einer Meditation vor, wie wir mit unserem Herzen zu
den uns bekannten und/oder anderen lichtvollen Seelen

auf Erden Kontakt aufnehmen. Sind die Seelen ebenfalls bereit, eine Herzverbindung einzugehen, senden wir ihnen bedingungslose göttliche Liebe von Herz zu Herz. Ein rosa-goldfarbener Strahl entsteht zwischen den beiden Herzen.

Auch bei einem intensiven Blick in die Augen können sich zwei Herzen miteinander verbinden. Für eine kleine Ewigkeit, circa 1–3 Sekunden, verschwindet das Raum- und Zeitgefüge, wir werden göttlich vom Universum beschützt, und eine neue Herzverbindung wird geknüpft.

Haben wir eine gute Wahrnehmung, spüren wir genau, wann eine neue Verbindung geschlossen wird. Meistens passiert es unvorbereitet. Viele Seelen kennen sich aus früheren Inkarnationen, und einer schnellen Herzverbindung über die Augen steht nichts mehr im Weg. Jedoch sollten wir aufpassen, wem wir länger in die Augen schauen. Viele Menschen werden über die Augen anderer manipuliert, sei es im Fernsehen, unterwegs oder durch ein Foto. Diese Wirkung sollten wir nicht unterschätzen und mit „offenen" Augen durchs Leben gehen.

Wenn eine unbewusste Herzverbindung vonstatten geht, sind es Menschen aus ursprünglichen oder verwandten Seelengruppen, wie zum Beispiel Seelenschwestern, Seelenbrüder, Sternenschwestern, die sich zusammenfinden. Die Herzen der verwandten und bekannten Seelen erkennen sich immer und verbinden sich sofort oder nach einiger Zeit untereinander. So bildet sich nach und nach ein großes, sehr hoch schwingendes energetisches Netz über die gesamte Erdoberfläche. Es kommt auch vor, dass sich erst einzelne Herznetz-Gruppen bilden, die sich dann später als Gemeinschaft an das große Netz anschließen. Dazu bedarf es nur ein Mitglied der Gruppe, und alle anderen werden automatisch mit dem Netz verbunden.

Bei Menschen, die im Licht stehen, baut sich zu Gleichgesinnten automatisch eine Herzverbindung auf, egal, ob sich die Seelen von früher kennen oder einer Seelengruppe entspringen. Sie befinden sich bereits auf der lichtvollen Ebene des Herzens, und es bedarf keiner weiteren bewussten Aktion.

Die Verbindungslinien des Herznetzes sehen aus wie goldene Strahlen, die von Herz zu Herz leuchten. Dieses Leuchten wird stärker, wenn göttliche Energien hin und hergeschickt werden, um sich gegenseitig zu unterstützen. Allen verbundenen Seelen des Herznetzes wird somit zu jeder Zeit geholfen. Sie können sich geborgen fühlen, eingebettet in das Netz der göttlichen Liebe. Nehmen wir die Herzverbindungen bewusst wahr und senden wir regelmäßig Liebe in das Herznetz, stärken wir es und werden gleichzeitig von ihm getragen und energetisiert.

Im Moment ist das Herznetz noch im Aufbau, und es wird einige Jahre dauern, bis wir uns mit allen Seelen, die sich für den Aufstieg in die Fünfte Dimension entschlossen haben, verbunden haben. Das Herznetz zieht sich einige Meter über der Erde in Herznähe über die gesamte Erde. Die Erdoberfläche erfährt dadurch einen Aufschwung ihrer Energie, und es bildet sich eine durchgängige goldene Energieschicht, die die Erde als goldene Kugel erstrahlen lässt. Dieses goldene Schwingungsfeld hat die Fähigkeit, sich mit anderen Welten und höheren Dimensionen zu verbinden. Das Herznetz gibt uns so die Möglichkeit, unser Bewusstsein zu erweitern und aus unserem Herzen und in Liebe zu leben, eingebettet in göttliche Geborgenheit. Neue Erfahrungen und Energien werden auf uns zukommen, die uns bereichern und neue Potenziale in uns eröffnen.

Gegenseitige Unterstützung

Sind wir in diesem Herznetz eingebunden, haben wir die Möglichkeit, bewusst einen Menschen zu stärken und ihm zu helfen. Sinkt seine Schwingung ab, kann sie von den anderen wieder angehoben und ihr Energiepotenzial gestärkt werden.

Zurzeit leben wir noch in einer Welt, in der wir tagtäglich mit der Dritten Dimension und ihren Energien, wie zum Beispiel Ängsten, Sicherheitsdenken oder Zweifeln, konfrontiert werden. Die Gefahr besteht immer noch, dass wir uns trotz unserer Verbindung zur Fünften Dimension hin und wieder in Situationen beziehungsweise Energien der Dritte Dimension begeben und erst später bemerken, dass unsere Schwingung gesunken ist und unser Denken sich wieder der Dritten Dimension angepasst hat. Das geht oft schneller, als wir es bewusst wahrnehmen können.

Befinden wir uns wieder im Kollektiv der alten Energien, sollten wir uns schleunigst um einen Weg aus dieser Situation bemühen. Dazu können wir bewusst zu unseren Mitseelen im Herznetz Kontakt aufnehmen und um Hilfe bitten. In der Zwischenzeit verbinden wir uns wieder mit der göttlichen Quelle, konzentrieren uns auf unser Herzzentrum und lenken unsere Aufmerksamkeit auf das Hier und Jetzt.

Nach kurzer Zeit bemerken wir wahrlich, wie unsere göttliche Herzensschwingung angehoben wird. Es wird leichter, und wir fühlen wieder die Verbindung zur Fünften Dimension. Noch müssen wir es bewusst tun, später wird es im kollektiven Herznetz der Fünften Dimension von unseren „Herzgeschwistern" sofort wahrgenommen, wenn die Schwingung einer Seele sich verringert.

Hat das Schwingungsfeld der Herzen, also das Herznetz, eine gewisse Größe erreicht, lassen sich unendlich viele Nachrichten und Energien hin und herschicken. Diese Informationsübertragung funktioniert wie Telepathie, nur eben auf der Herzebene. Die Schnelligkeit, in der die liebevollen Energien und Daten hin und hergeschickt werden, ist dann nicht mehr real messbar. Alle Menschen, die dann an das Herznetz angeschlossen sind, werden von ihm getragen und göttlich beschützt.

Mini-Herznetz

Entsteht eine Herzverbindung zwischen zwei Menschen, werden sie von der göttlichen Liebe zu sich selbst und zueinander genährt und unterstützt. Sie werden gegenseitig mit gold-weiß-rosa Licht gefüllt und gestärkt. Es ist ein Wechselspiel der liebevollen Gefühle und Energien füreinander. Dies funktioniert nur, wenn sie sich gegenseitig bedingungslose Liebe schenken und bereit sind, auch die Liebe von dem anderen anzunehmen. Erwartungen, Verpflichtungen und Bedingungen sind Forderungen aus der alten Zeit. In der Neuen Zeit existieren diese Emotionen nicht mehr. Licht und Liebe sind nun die vorherrschenden Gefühle.

Verbindungspunkte im Herznetz

Die Verbindungspunkte, die wir mit unseren Herzen erschaffen, lassen unsere Seelenkristalle im Herznetz erleuchten. An ihnen könnte man sich orientieren, wenn man das möchte. Jeder hat einen für ihn vorgesehenen Platz. Natürlich sind Herzverbindungen direkt von Herz zu Herz, trotzdem werden wir bei dem Eintritt in das Herznetz in dieses System mit eingebunden und werden an einen bestimmten Platz gesetzt. Von diesem Seelenkristall gehen, von oben gesehen, sechs Verbindungen in alle Richtungen aus. Bei einem roten Kristall einer Seelenpartnerschaft gehen mehr Verbindungen ab. Jedoch sind wir alle mit unserem Herzen verbunden, egal, ob direkt oder indirekt. Jedoch braucht die Neue Energie auch eine Art von göttlicher Ordnung.

Blockaden und Verletzungen des Herznetzes

Die Lichtwesen wie Engel, Elementarwesen und Aufgestiegene Meister unterstützen uns dabei, ein vollständiges Netz aufzubauen. Alle Blockaden und Verletzungen, die auftreten können, werden geheilt oder ins Licht geschickt. Dafür wird auch manchmal Hilfe von anderen Sternenwelten benötigt. Die Lichtwesen behandeln das Herznetz regelmäßig mit göttlicher Liebe, um es zu stärken und zu schützen. Je größer das Netz wird, desto mehr Menschen erwachen und schließen sich daran an, und es wird unerreichbar für die Dritte und Vierte Dimension.

Angriffe durch die Mächte der Dritten Dimension

Mit den Angriffen haben die Lichtwesen und Menschen am häufigsten zu tun. Immer wieder wird von den Mächten der Dritten Dimension versucht, das Netz zu beschädigen, um einen lückenlosen Aufbau zu verhindern. Dafür müssen sich manche Seelen der manipulativen Mächte sehr hoch aufschwingen, was zum Glück nur schwer gelingt. Dafür müssten sie nämlich ihr Herz öffnen und ohne eigennützige Absichten agieren. Die Mächte der Dritten Dimension haben zwar ein enormes spirituelles Wissen, können dieses aber nur in ihrer Dimension anwenden und umsetzen. Für die Fünfte Dimension ist ihre Eigenschwingung zu niedrig und ihr Herz zu unrein.

Leider gibt es immer noch genügend kleine Schlupflöcher in bestimmten Lebensbereichen, in denen sich die Energien der Dritte Dimension einschleichen können. Diese Manipulation wird zum Beispiel über die Medien, bestimmte Frequenzen (wie zum Beispiel Handies, schnurlose Telefone, Bluetooth), Nahrung, schulmedizinische Untersuchungen und Medikamente versucht.

Alle diese Bereich sind Schnittpunkte in unserem Leben mit der Dritten und Vierten Dimension, und so kann unmerklich eine Tür zu unserem Bewusstsein geöffnet werden. Indem wir uns von den alten Energien, wie zum Beispiel Ängsten, Kontrolle, Sicherheit, Konsumzwang im Denken und Fühlen beeinflussen lassen, wird das Herznetz in seiner Energie geschwächt.

Energetische Angriffe anderer Menschen

Es kann sein, dass wir trotz hoher Schwingung, offenem Herzen und Anbindung an das Herznetz verschiedenen energetischen Angriffen ausgeliefert sind. Diese Angriffe können unter anderem wie energetische Pfeile aussehen, die dem Egobewusstsein des anderen entspringen und sich in unser Herz hineinbohren. Da wir auf der

Herzebene bereits zu weiten Teilen oder ganz unser Herz-zentrum geöffnet haben, stehen wir mit offenem Herzen diesen unvorhersehbaren Angriffen gegenüber. So hat der Angreifer die Möglichkeit, uns bewusst oder unbewusst tief in unserem Herzen zu treffen. Der Schmerz, den wir in diesem Moment in unserem Herzen fühlen, hat nichts mit unserem verletzenden Ego zu tun, sondern damit, dass wir mit offenem Herzen und ohne vorherige Warnung dem Angriff gegenüberstehen. Wir laufen sozusagen offen, ohne Schutz, in diesen Pfeil hinein. Wir können zwar den Pfeil später in unserem Herzen in Liebe transformieren, jedoch sind wir noch nicht so geübt darin, diese Pfeile im Vorfeld mit unserer Liebe in Licht aufzulösen.

Noch müssen wir achtsam sein und unser Gegenü-ber genau wahrnehmen, dann werden wir mit der Zeit früh genug erkennen, wann wir energetischen Angriffen aus-gesetzt sind und uns verletzende Pfeile entgegenfliegen. Später, wenn wir kraftvoller geworden sind, werden die-se verletzenden Energien sofort beim Eintreten in unsere Aura in Licht und Liebe umgewandelt. Aber vorerst sollten wir uns noch davor schützen, indem wir uns selbst in eine goldene Energie-Schutzkugel stellen.

Zwei Welten

In dem Jahr, in dem die goldene Schicht die Erde vollkommen umhüllt, trennen sich die Welten voneinander, so, wie es immer vorhergesagt wurde. Die goldene Schicht entsteht durch das immer größer werdende Herznetz der Menschen. Je mehr Menschen sich ihm anschließen und sich für den lichtvollen Weg entscheiden, desto kraftvoller wird es. Die Aura dieses Herznetzes bildet nach und nach eine goldene Energieschicht, die die Erde in der Fünften Dimension gänzlich umschließt.

Aber wie kommt es dann zu der Trennung in zwei Welten? Durch die Veränderung der Energie der Erde und der Menschen entstehen zwei verschiedene Schwingungen, eine hoch schwingende und eine niedrig schwingende, die dann nicht mehr miteinander zu vereinen sind. In der niedrig schwingenden Welt befinden sich die Menschen, die es bis zu dem Zeitpunkt des Aufstiegs in die Fünfte Dimension nicht geschafft haben, sich auf den lichtvollen Weg zu begeben.

Dafür gibt es mehrere Gründe:

- Sie haben sich bewusst/unbewusst gegen eine Transformation entschieden.
- Sie haben es nicht geschafft, sich dem Licht zuzuwenden.
- Die Transformation der Erde und der Menschen ist ihnen persönlich zu schnell gegangen.

- Es gibt Seelen, die von Anfang an das Licht im Menschen zerstören und die Transformation verhindern wollten.

In der hoch schwingenden Welt leben alle Seelen, die sich für den Weg des Herzens, und somit für die Transformation entschieden haben. Diese beiden Welten bilden ab einem bestimmten Zeitpunkt zwei verschiedene Energien, die nicht mehr vereint existieren können. Sie trennen sich aufgrund ihres ungleichen Schwingungsmusters und es entstehen zwei energetische Erdkugeln, die sich langsam voneinander wegbewegen. Dieses Auseinandergehen wird von uns erst einmal nicht real wahrgenommen. Die eine Menschheit versinkt im Leid, in ihren alten Energien und Strukturen beziehungsweise hat sich dazu entschlossen, dort zu bleiben, die andere erhebt sich in neue Ebenen, um ihr Bewusstsein zu erweitern und ihre individuellen Fähigkeiten zu entdecken, zu entwickeln und zu leben.

Unser Leben und unsere Umgebung werden nicht viel anders aussehen als vorher, doch sind sie mit den göttlichen Energien der Fünften Dimension durchflutet und angereichert. Nur diejenigen, die ihre Hausaufgaben in Bezug auf den Lichtkörperprozess und die Seelentransformation gemacht haben, können diese Schwingung aushalten und dort leben. Es wird eine göttliche Leichtigkeit eintreten, die uns in unserem neuen Sein unterstützt, uns die göttliche Lebensfreude spüren lässt und uns hilft, weiter den lichtvollen Weg unseres Herzens zu gehen. Neue Energieformen, Möglichkeiten und Potenziale werden sich uns automatisch eröffnen. Wir entdecken andere Lebensweisen und Technologien und kommunizieren mit anderen Lebe-, Licht- und Elementarwesen. Wir begeben uns in den Einklang und in die Einheit unseres Herzens, unserer Seele, unserer Mitseelen, der Tiere, Pflanzen, der Natur, der Elemente, des Wetters und der Erde, mit allem, was existiert. Wir haben es gelernt, dass wir nur in Liebe und aus reinem Herzen in Harmonie und Frieden zusammenleben können, und wir werden es wieder lernen, uns den Elementen anzupassen und im göttlichen Gleichgewicht mit allen Bereichen unseres Lebens und der Erde zu leben. Wir werden uns dort zu Hause fühlen, denn wir kommen unserer göttlichen Ursprünglichkeit immer näher. Haben wir es geschafft, dieses umzusetzen, leben wir den Himmel auf Erden.

Hat die vollkommene Ablösung aus der Dritten Dimension stattgefunden, gibt es zwischen den beiden Welten keine Verbindung mehr. Wenn wir an diesem Punkt angelangt sind, sind wir füreinander nicht mehr sichtbar. Die höher schwingenden Menschen haben die Fähigkeit, noch eine Weile den anderen in ihrem „Leid „zuzusehen. Jedoch nach einiger Zeit verblassen die Menschen der Dritten Dimension zunehmend. Dagegen werden die Farben und Energien in der Fünften Dimension heller und kraftvoller und von einem göttlichen Schein.
Es kann bereits jetzt schon das Phänomen auftreten, dass wir von einigen Menschen nicht mehr wahrgenommen und gesehen werden. Sind wir in dem Herznetz fest

verankert, haben die Mächte der Dritten Dimension keine Chance mehr, uns herauszulösen, da der Zusammenschluss der Seelen des Herznetzes so stark ist, dass sie einander schützen. Das Herznetz kommt sich mit dem kollektiven Massenbewusstsein der Dritten Dimension nicht in die Quere, da es sich auf einer höheren Ebene, der Ebene der göttlichen Herzensliebe, befindet.

Kehren wir in diesen Zeiten der großen Veränderung immer wieder zu unserem Herzen zurück, haben wir einen weisen Begleiter an unserer Seite, der uns sicher durch die Transformation in die Fünfte Dimension führt.

Herzenswünsche

Alle Wünsche, die wir in unserem Herzen spüren, werden in der Fünften Dimension Wirklichkeit. Oft ist es jedoch schwierig, die wahren Herzenswünsche herauszufinden und sie von denen unseres Egos zu unterscheiden.

Aber was sind Herzenswünsche überhaupt? Herzenswünsche sind von sehr hoher Energie und berühren uns tief in der Seele. Sie sind die Visionen unseres Herzens und helfen uns, unseren Lebensplan und unsere Lebensaufgabe zu erfüllen. Ebenso unterstützen sie uns bei der Entfaltung und Umsetzung unseres göttlichen Potenzials und unserer Fähigkeiten.

Herzenswünsche stehen im Dienste Gottes und geschehen zum Wohle aller. Erfüllte Herzenswünsche transformieren unsere Umwelt. Das muss nicht heißen, dass wir immer die weitreichenden Wirkungen eines erfüllenden Wunsches erkennen, jedoch werden Energien dabei freigesetzt, die unserer Umwelt bei ihrer Transformation weiterhelfen und sie heilen können.

Herzenswünsche werden aus unserem Herzen geboren, es sind Eingebungen und Ideen, die uns göttliche Freude verspüren lassen. Oft nehmen wir diese Empfindungen nicht richtig wahr und tun sie als fantastische Spinnereien ab. Das ist für uns der schwierigste Teil, einerseits diese sogenannten „Fantastereien" (= göttliche Eingebungen) ernstzunehmen, und andererseits zwischen Herzenswunsch und Egowunsch zu unterscheiden. Wir selbst müssen für uns erkennen, welcher Wunsch unserem Herzen entspringt und welcher aus unserem Ego geboren wird.

Was wollen wir wirklich? Bei welcher Vorstellung empfinden wir göttliche Freude? Oft erscheinen uns einige Wünsche so abwegig, dass wir uns gar nicht trauen, sie laut auszusprechen. Wir bewegen uns in eine Neue Zeit, in der die unwahrscheinlichsten Dinge geschehen und wahr werden können. Also: Habt den Mut, zu euren wahren Herzenswünschen zu stehen. Macht euch auf den Weg, sie zu erkennen, und gebt ihnen Raum, damit sie sich verstärken und verwirklichen können.

Stimmen bestimmte Herzenswünsche mit der Wunschliste unseres Lebensplanes überein, gehen sie zu einhundert Prozent in Erfüllung. Das Datum der Wunscherfüllung allerdings ist den Lichtwesen und der göttlichen Quelle überlassen, da mehrere Bereiche miteinander abgestimmt und bestimmte Umstände berücksichtigt werden müssen, um eine optimale Wirkung der Erfüllung eines Wunsches zu erzielen. Für dieses weitreichende Zusammenspiel verschiedener Faktoren fehlt uns der Durchblick, und so bleibt der Zeitpunkt den höheren Lichtwesen überlassen. Mehrere Ebenen und Dimensionen profitieren von der Erfüllung eines Herzenswunsches, wie zum Beispiel die Umwelt, ihre Mitmenschen, die Natur, die Erde und ihre Bewohner, das Kristallgitternetz, die Erdatmosphäre, andere Ebenen, Vergangenheit, Gegenwart und Zukunft.

In dem Moment, in dem sich ein Wunsch erfüllt, ist der Empfangende EINS mit sich, seinem Herzen und dem Universum. Er strahlt so viel Glück und Freude aus, dass sich seine Umwelt für eine kurze Zeit in derselben Situation befindet. Das Raum-Zeit-Kontinuum wird für eine Millisekunde aufgehoben, und alles ist miteinander verbunden, alles ist EINS. Der Glückliche befindet sich in diesem Augenblick in der Lichtebene.

Bei der Wirkung einer Wunscherfüllung kommt es natürlich darauf an, wie hoch schwingend der einzelne Wunsch ist. Dabei hängt dies nicht von der Größe eines Wunsches ab, sondern von dem Zweck, den er im Großen Ganzen zu erfüllen hat. Die Hintergründe dessen bleiben uns oft verwehrt, da es für uns nicht wichtig ist, dieses zu wissen. Hat er eine große Aufgabe im Dienst des Göttlichen und zum Wohle aller übernommen, öffnen sich nach oben hin Horizonte, die vorher verschlossen waren. Würden wir genau diese Energie der Freude in unserem Herzen bewahren und weiterhin empfinden, würden wir so einen rasanten energetischen Aufstieg erleben, den wir wahrscheinlich derzeit gar nicht verkraften könnten. Aber mit der Zeit lernen wir immer mehr in diesem Zustand des ewigen Glücks zu leben, sodass wir immer besser die Erfüllung unserer Herzenswünsche anziehen und empfangen können.

Haben wir einen unserer Herzenswünsche erkannt und angenommen, sollten wir die Freude darüber genießen und die dabei entstehende Energie für uns nutzen, denn diese besondere Energie strahlt in unsere Chakren und Energiezentren in das Kristallgitternetz der Erde und das Herznetz der Menschen und erhöht so die Schwingung und reichert alles mit göttlicher Freude an. Sogar die Lichtebene wird von dieser Wunschenergie beeinflusst.

Fühlen wir unseren Herzenswunsch das erste Mal, reicht dies aus, um den Vorgang der Erfüllung in Gang zu setzen. Schon bei der ersten Freude, die wir während dieses Wunsches in unserem Herzen empfinden, werden Energien in unserem Herzzentrum freigesetzt. Es sieht aus wie ein kleines Feuer, das in unserem Inneren entfacht wird. Dieses Wunschfeuer wird immer größer, je öfter wir mit Freuden an diesen Herzenswunsch denken. Klitzekleine Funken werden nach außen gesprüht und beeinflussen unser Leben und unser Umfeld im positiven Sinn. Die Herzfunken!

Der Glaube und das Vertrauen, dass die Wünsche erfüllt werden, lassen das Wunschfeuer immer wieder auflodern. Sobald aber Zweifel, Ängste oder Minderwertigkeitsgefühle auftauchen, nimmt das Feuer an Größe ab, und die Funken versiegen. Geht ein Herzenswunsch in Erfüllung, kommen zu der immensen Energie der Wunscherfüllung noch die Herzfunken hinzu, die wie ein Springbrunnen nach allen Seiten abgegeben werden. Diese Herzfunken bergen eine besonders starke Kraft in sich, die zum Wohl aller genutzt werden kann.

Auswirkung einer Wunscherfüllung auf das Kristallgitternetz und die Zeitlinie

Kristallgitternetz

Auch das Kristallgitternetz der Erde profitiert von dieser wunderschönen Energie der Wunscherfüllung. Weil der Mensch im Moment der Wunscherfüllung EINS mit sich und dem Universum ist, werden die Freude und die dabei entstehende Energie in das Kristallnetz im Boden abgegeben und dorthin gebracht, wo sie benötigt werden.

Herzenswünsche haben eine so hohe Schwingung, dass sie nur in die hoch schwingenden Energienetze der Erde einfließen. Das Erdnetz der Dritten Dimension kann diese Energien nicht aufnehmen, da es zu niedrig schwingt, um sie anzuziehen. Die Energien fließen zu denen, die ihrer Schwingung entsprechen, und das sind nur Energien, die göttlichen Ursprungs sind. Auch das Herznetz der Menschen untereinander wird von dieser Energie genährt, und es findet ein reger Austausch von Freude und Liebe statt.

Zeitlinie

Die Energie der Freude und des Glücks bei einer Wunscherfüllung beeinflusst auch die Zeitlinie; sie strömt in Vergangenheit, Gegenwart und Zukunft, die dadurch positiv beeinflusst werden. Strömt diese göttliche Energie in die Vergangenheit, werden einige dunkle Punkte, die sich auf der Zeitlinie der Vergangenheit befunden haben, erhellt. Alles, was wir jetzt denken, ist bereits in einer Sekunde Vergangenheit, und so bestimmt die Energie unserer Gedanken und Gefühle der Vergangenheit unsere Zukunft. Da alle unsere Gedankenmuster und Gefühle automatisch in die Zukunft projiziert werden, kann es bei einer Wunscherfüllung dazu kommen, dass negative Gedanken in der unmittelbaren Vergangenheit in Licht transformiert werden und die Zukunft positiv beeinflussen und erhellen.

Herzfunken

Herzfunken können in folgenden Situationen entstehen:

- Wenn Kinder lachen oder Freude empfinden,
- bei einer Seelenvereinigung,
- beim herzhaften Lachen und bei Lachanfällen,
- bei Begegnungen mit Tieren, wie zum Beispiel Berühren von Delfinen, Streicheln von Haustieren, vorbeifliegenden Schmetterlingen, Libellen, und anderen Arten der Begegnungen mit Tieren, die man gerne mag,
- bei intensiven Erlebnissen mit und in der Natur,
- bei der Verbindung von Sonnenstrahlen mit unserem Herzen,
- bei Herzmeditationen,
- bei gemeinschaftlichen Meditationen,
- bei einer neuen Verbindung zweier Herzen,
- bei der Aktivierung der inneren Flamme des Herzens (Entstehung von „Zündfunken"),
- bei der Auflösung von Raum und Zeit,
- vor und während der Schwangerschaft und kurz nach der Geburt (Entstehung der Herzensfunken durch die besondere Herzverbindung zwischen Mutter und Kind),
- bei eigener Erkenntnis,
- beim Einssein mit sich, der Seele und der göttlichen Quelle,
- bei der Freude, die wir bei den Gedanken an unsere Herzenswünsche empfinden,
- bei einer Wunscherfüllung.

Bei den verschiedenen Arten von Herzfunken haben diejenigen, die bei einer Wunscherfüllung, bei Kinderlachen, bei einer Seelenvereinigung und bei einer gelebten Seelenpartnerschaft entstehen, die stärkste Auswirkung auf ihre Umwelt.

Auswirkungen der Herzfunken auf unsere Umwelt

Bei einer Wunscherfüllung entstehen Herzfunken, die eine besondere Wirkung auf unsere Umwelt haben. Es sind kleine gold- und weißfarbene, teilweise auch bunte, regenbogenfarbige Energiepartikel, die wie glitzernde Funken aus dem Herzen sprühen. Diese Funken können, je nachdem, wie weit der Mensch sich schon entwickelt hat und wie weit sein Herzzentrum geöffnet ist, sehr weit fliegen. Dabei werden sie in ihre Umwelt, in andere Auren und Energiezentren, zu Tieren, Pflanzen und weit hinaus über die Atmosphäre gesprüht.

Kann der vom „Funkenflug" getroffene Mensch sich über das Glück des anderen freuen und hat sich sein Bewusstsein für göttliche Energien schon geöffnet, werden die Funken ihn bei seiner Heilung und Transformation positiv unterstützen. Empfindet der Mensch dagegen Neid, werden die göttlichen Funken sofort abgetötet.

Tiere und Pflanzen

Auch Tiere oder Pflanzen können von diesem göttlichen Funkenflug profitieren. Vögel haben dabei eine besondere Aufgabe, sozusagen eine „tragende Rolle" übernommen. Wenn sie sich während einer Wunscherfüllung in der Nähe aufhalten, bekommen sie jeweils einen ganzen Funken ab. Dieser Funke potenziert sich im Vogel, und er trägt ihn dorthin, wo er gebraucht wird.

Vögel sind Botschafter der Seele und haben die Aufgabe, Energien und Botschaften an die Menschen und die Natur weiterzugeben. Sie haben die Fähigkeit, in sich göttliche Energien zu verstärken, um sich davon zu nähren und andere daran teilhaben zu lassen. So geschieht es bei ihnen auch mit den Herzfunken. Sie fangen oder erhalten automatisch einen Herzfunken und liefern diesen genau an dem Platz ab, wo er gebraucht wird. Elementarwesen, Pflanzen und andere Tiere hingegen empfangen diese göttlichen Funken, um sich selbst damit zu energetisieren und zu ernähren.

Erdatmosphäre

Die Herzfunken können auch nach oben in die Atmosphäre fliegen, wo sie für die Heilung des Planeten und des Kosmos verwendet werden.

Egowünsche

Egowünsche haben nichts mit der wahren Berufung unserer Seele zu tun. Sie werden aus Angst, Neid, Gier, Eifersucht und Wettkampf geboren und zielen nur darauf ab, reich und erfolgreich zu sein, um von außen geliebt und anerkannt zu werden. Auch sollten wir uns den selbst aufgestellten Regeln der Gesellschaft anpassen beziehungsweise einfügen, um aufgenommen zu werden. Erfüllen wir nicht diese Attribute, werden wir von der Gesellschaft ausgeschlossen und als Außenseiter tituliert.

Die Egowünsche sind über unseren wahren Herzenswünschen gelagert, und es dauert einige Zeit, um diese Egoschichten abzutragen, um unsere wahren Wünsche erkennen zu können. Es kann sein, dass wir noch zu stark von den Strukturen unserer Gesellschaft beeinflusst sind und dadurch Schwierigkeiten haben, zu unseren wahren Herzenswünschen vorzudringen. Egowünsche werden von den Medien, der Gesellschaft und vom Ego selbst gemacht und ständig mit Neuem genährt. Wir sind permanenten äußerlichen Beeinflussungen ausgesetzt, und diesen zu widerstehen kostet viel Kraft und Energie, die sich aber in großem Maß auszahlen wird.

Warum ist es so wichtig, in einer festen Beziehung oder Ehe zu leben? Warum ist es so angesehen, einen gut bezahlten Job zu haben? Warum ist es so wichtig, immer der Beste zu sein? Warum ist es so wichtig, Familie, Haus und Garten vorweisen zu können? Der Wettkampf untereinander, der Wunsch nach mehr und immer Besserem, der Wunsch, die Beste, der Reichste, die Liebste sein zu wollen, bestimmen auch heute noch unsere Gesellschaft und entspringen alle der Angst, nicht geliebt und anerkannt zu werden. Alle diese veralteten Strukturen und Gesellschaftsregeln werden in der Fünften Dimension nicht mehr funktionieren. Nur eine bewusste Ablösung aus diesem System, ein Loslassen alter Strukturen gibt uns die Freiheit, wirklich aus und nach unserem Herzen zu leben.

Oft können wir nicht unterscheiden, sind es die eigenen Wünsche, die der Familie, der Mitmenschen oder der Gesellschaft. Nehmen wir als Beispiel den Wunsch nach Erfolg. Erfolg steht in der Dritten Dimension für Anerkennung, Intelligenz, Reichtum, Macht, Stärke, Sicherung der Existenz, Erfüllung der Pflichten als Versorger der Familie, um nur einige Entsprechungen zu nennen. Fast alle in der Dritten Dimension haben dieses Bestreben nach Erfolg, und nur wenige fragen sich: Ist das meine wahre Berufung, sind das die Wünsche meines Herzens? Die meisten geraten in ein Hamsterrad, in dem sie es nicht mehr schaffen auszusteigen, seine Geschwindigkeit zu drosseln, seine Einstellungen zu ändern. Nur ein einschneidendes Erlebnis wie Arbeitslosigkeit, Insolvenz, Scheidung, Krankheit oder anderes, veranlasst dann zum Umdenken.

Erfolg in der Fünften Dimension dagegen steht dafür, dass wir es geschafft haben, unserem Herzen zu folgen und unsere göttliche Aufgabe zu erfüllen. Einer Tätigkeit nachzugehen, zu der wir uns berufen fühlen und die wir aus ganzem Herzen lieben, ohne darauf zu achten, ob wir Anerkennung, genügend Geld, Liebe oder sonstiges dafür erhalten. Würden wir einen Beruf ausüben, der unserem Herzenswunsch entspricht, wären wir allein bei seiner Ausführung glücklich. Sind wir mit unserem Herzen dabei, wird dieses zum innerlichen und äußerlichen Erfolg führen, ohne dass wir uns in den Wettbewerb der Dritten Dimension begeben müssen. Seien wir ehrlich zu uns selbst: Von welchem Beruf haben wir schon immer geträumt, welche Tätigkeit würde uns Freude bringen? Welche Dinge würden uns Spaß machen? Schauen wir in unser Herz, um die wahre göttliche Berufung in uns zu erkennen und zu verwirklichen.

Energetische Seite der Egowünsche

Egowünsche ähneln den niedrig schwingenden Gedanken, die wir aussenden. Sie sind leere dunkle Flecken, die wie matte Seifenblasen aussehen. Entweder werden sie im EGO oder im Sexualchakra (wenn man seine Macht an seine Triebe abgegeben hat) kreiert. Diese Blasen bewegen sich von uns weg, „fliegen" aber nicht in höhere Ebenen, sondern treiben im alten Erdgitternetz und kollektiven Massenbewusstsein der Dritten Dimension. Dort energetisieren und ernähren sie sich gegenseitig.

Eine Wunsch-Egoblase bewegt sich nicht im lichtvollen Herznetz, denn sie würde dort nicht bestehen können, zu viel Licht würde die Dunkelheit erhellen und Altes transformieren. Diese dunklen Blasen sind mit der Ursprungsenergie, aus der sie kreiert wurden, gefüllt.

Beispiel:

Bei dem Wunsch nach mehr Geld im Finanz- und Wirtschaftsmarkt sind sie mit den Energien der Gier und der Macht gefüllt. Der Inhalt kann auch aus manipulativen Fremdenergien bestehen, die durch die Medien, das energetische Netz von Politik und Wirtschaft, aber auch durch Unterdrückung und Missbrauch oder Mobbing entstehen können. Diese Energieblasen sind nicht fähig, sich mit der göttlichen Liebe zu füllen, da sie zu niedrig schwingen.

Letztendlich treffen alle niedrig schwingenden Gedanken und Egowünsche aufeinander, da sie sich in derselben Ebene befinden. Sie schließen sich zusammen, um ein noch größeres Konstrukt aus niederen Energien zu bilden. Ihre ursprünglichen Intentionen, aus der sie gewachsen sind, sind dieselben: Angst, Neid, Zweifel, Eifersucht, usw. Sie verschmutzen unsere Umwelt genau wie die niedrig schwingenden Gedanken und stärken zudem noch das Konstrukt des Massenbewusstseins der Dritten Dimension. Beim Loslassen erreichen sie nicht die hohen Sphären und Dimensionen wie ein Herzenswunsch, sondern bewegen sich nur in den Erdebenen, steigen „nur" in die Erdatmosphäre auf und beschleunigen so, wenn sie bei einer Erfüllung aufplatzen, den Treibhauseffekt.

Herzenswünsche sehen aus wie glitzernde Seifenblasen in den Farben des Regenbogens, die ihre Farbe je nach Wunsch wechseln können. Wenn ein Herzenswunsch erfüllt wird, er ist inzwischen in höhere Dimensionen und Erdsphären aufgestiegen, öffnet sich die Seifenblase, und die hohe Energie wird über der Erde ausgeschüttet und dient noch einmal der Heilung der Erde und seiner Bewohner. Egowünsche dagegen verschmutzen beim Zerplatzen die Umwelt, stärken weitere Egowünsche und verdunkeln so langsam die Welt.

Wünsche, in die andere Menschen involviert sind

Bei Wünschen, in die andere Menschen unwissentlich mit einbezogen werden, wenden sich die Energien nach einiger Zeit in die verkehrte Richtung oder sogar gegen sich selbst und verursachen so ein energetisches Chaos. Dies kann zum Beispiel bei einem Wunsch nach einer festen Partnerschaft mit einem bestimmten Partner der Fall sein. Durch das Visualisieren einer gemeinsamen Zukunft wird der ausgesuchte Partner ohne sein Einverständnis in den Wunsch mit einbezogen. So entstehen energetische Verstrickungen, die den anderen in seinem Sein stark beeinflussen und eine liebevolle Entstehung einer eventuellen Beziehung stark beeinträchtigen. Dadurch wird ein kosmisches Gesetz verletzt, nämlich die Achtung des freien Willens.

Teilweise wird so dramatisch an den eigenen Wunschvorstellungen festgehalten, dass ein göttlicher Lebensfluss nicht mehr möglich ist. Die andere Seele wird manipuliert, und kann nicht mehr frei entscheiden. Die beiden

Seelen entfernen sich zusehends. Diese Wünsche sind keine Herzenswünsche und gehen auch nicht in der Fünften Dimension in Erfüllung. Eine optimale Zusammenführung mit dem wahren Seelenpartner wird dadurch noch zusätzlich verhindert.

Wirkung der eigenen spirituellen Fähigkeiten

Jeder Mensch trägt spezielle spirituelle Fähigkeiten in sich, die ohne ein bewusstes Dazutun eine transformatorische Wirkung auf die Umwelt haben. Diese Fähigkeiten sind individuell und bergen heilende Energien in sich, die dann voll zum Tragen kommen, wenn sich die Seele bereits in einem höheren Bewusstseinszustand befindet. Transformation an sich selbst und der Entschluss, den Weg des Herzens zu gehen, sind Voraussetzung für die vollkommende heilende Wirkung der eigenen spirituellen Fähigkeiten auf die Umwelt. Vorher kann diese einmalige Seelenkraft nur bedingt und in kleineren Phasen wirken, je nachdem, wie weit derjenige sich in seiner spirituellen Weiterentwicklung befindet. Die volle Wirkung der Fähigkeiten entfaltet sich erst, wenn der Mensch die meisten seiner Blockaden gelöst, die Ursachen dafür geheilt und sein Herz für die Liebe geöffnet hat. Bis wir dahin gelangen, ist ganze Transformationsarbeit von uns gefordert.

Befindet sich die Seele die meiste Zeit in der Fünften Dimensionen und zeugt von einer hohen Schwingung, kann sie mit ihren Fähigkeiten ihre Mitmenschen in deren Aufstiegsprozess unterstützen und sogar in bestimmten Bereichen heilen. Diese Bereiche hängen jeweils von den individuellen Fähigkeiten des „ Behandelnden" ab. Ist der Mensch beziehungsweise die Seele ziemlich weit entwickelt, heilt er mit seinen Fähigkeiten nicht immer bewusst, sondern seine heilende Kraft wirkt, indem er einfach „nur" ist. Aber das funktioniert nur, wenn sich die Seele in einer immerwährenden hohen Schwingung befindet. Diese zu erreichen ist nur möglich, wenn wir uns unserer wahren innewohnenden Kraft, der Verbindung zu unserer Seele, bewusst werden. Leben wir unsere innere Wahrheit und göttliche Kraft auch nach außen, erreichen wir eine Intensität, die unser Umfeld nicht unbeeinflusst lässt.

Jede Seele, die sich in ihrem persönlichen Transformationsprozess befindet, erreicht in den kommenden Jahren eine Ebene, in der sie automatisch und ohne ihr bewusstes Zutun ihre Umwelt transformiert.

Gegenseitiges Heilen und Unterstützen

Weil sich unsere Schwingung ständig erhöht und wir bereits jetzt teilweise in der Fünften Dimension leben, wird jedes Zusammentreffen mit einer anderen lichten Seele zu einem Highlight in unserem Alltag. Begegnen wir gleich hoch schwingenden Seelen, können wir bei jedem Zusammentreffen voneinander profitieren. Energien werden ausgesendet und empfangen, die zu unserer Heilung und zur Heilung unseres Gegenübers genutzt werden können. Dieses geschieht bewusst wie auch unbewusst.

Durch unsere eigene Transformation und die Schwingungserhöhung der Erde sind wir so sensitiv geworden, dass wir diese Energieübertragungen während einer solchen besonderen Begegnung regelrecht spüren können, denn wir nehmen während dieses Energieaustausches die heilenden Energien des anderen wahr. Wir sind so feinfühlig geworden, dass wir diese Ganzwerdung in diesem Moment in und um uns herum fühlen können.

Die heilenden Energien unterscheiden sich von Seele zu Seele, je nachdem, welche spirituellen Fähigkeiten ein jeder in sich trägt. Diese Fähigkeiten wirken, indem wir einfach nur SIND, sie können aber auch bewusst eingesetzt werden; Lichtarbeiter zum Beispiel arbeiten bewusst mit ihren individuellen spirituellen Fähigkeiten. Mit jeder Begegnung werden wir vollkommener in unserer Ganzheit.

Immer mehr Seelengeschwister, Lichtarbeiter und lichtvolle Seelen der Fünften Dimension treffen sich nun auf der Erdebene. Durch diese wundervollen Begegnungen wird das Herznetz der Menschen in Lichtgeschwindigkeit vergrößert. Diese lichtvollen Begegnungen können jedoch nur stattfinden, wenn die Menschen ihren Herzensimpulsen folgen.

Die energetische Welle der Gedanken

Eine energetische Welle ist ein unvorstellbarer Vorgang, der sich durch mehrere Ebenen ziehen kann. Sie besteht aus kleinen, sich ähnelnden Energieformen, die sich gegenseitig auf dem Weg zu ihrem Ziel anziehen. Ihren Anfangspunkt hat die Welle in einem einzigen Gedanken, den ein Mensch aussendet. Dieser beziehungsweise die Energie, die ihm innewohnt, stößt auf seiner Reise zu seinem Zielort auf gleiche Gedanken anderer Menschen. Sie ziehen sich von ihrer Energie gegenseitig an und bilden eine Art energetisch aufgeladene Wolke. Diese bewegt sich dann weiter zu ihrem Ziel und entwickelt sich zu einer immensen Energiewelle. Die Gedanken und deren Energien, negative wie positive, werden so weitertransportiert, bis sie an ihrem Ziel ankommen.

Die energetische Welle kennt keine Grenzen, Entfernungen oder Hindernisse, das Ziel wird immer erreicht – mal mehr, mal weniger, je nachdem, wie stark die Intentionen hinter den jeweiligen Gedanken sind.

Gedanken

Ein Gedanke ist ein Quantum Energie, das sich in unserem Geist bildet, energetische Form annimmt und so nach außen gesendet wird. Er ähnelt einer Comic-Sprechblase, die sich vom Menschen loslöst und eine Blase bildet, die mit entsprechender Gedankenenergie und Farbe gefüllt ist. Diese energetische Gedankenblase bewegt sich nun von dem Menschen weg, hinaus in sein Umfeld, ins Universum und geht sozusagen auf Wanderschaft, bis sie ihren Zielort erreicht hat.

Denken mehrere Menschen das Gleiche, schließen sich diese ähnlichen Gedankenformen auf ihrem Weg zu einer großen energetischen Wolke zusammen und bewegen sich gemeinsam zum Zielobjekt. Dies kann positive wie auch negative Auswirkungen auf das Ziel haben. Mit positiven Gedanken können wir unser Umfeld stärken, harmonisieren, unterstützen und heilen. Mit negativen Gedanken können wir mehr Schaden anrichten, als wir es bis jetzt glaubten. Dies ist besonders für öffentliche Personen, wie zum Beispiel Politiker, Künstler oder andere Persönlichkeiten, die in der Öffentlichkeit stehen, denn sie sind den gedanklichen Angriffen der Menschen ohne bewussten Schutz ausgesetzt.

Sind mehrere Menschen zum Beispiel über eine Aussage eines Politikers empört und regen sich über ihn auf, werden ihre Gedanken und Gefühle in die Richtung des Politikers gesendet und hegen eine negative Intention gegenüber dieser Person. Auf dem Weg dorthin finden sich alle ähnlichen Gedankenformen zusammen, die dann gemeinsam eine große energetische Wolke bilden. Hat die inzwischen „hochexplosiv" gewordene Wolke ihre Zielperson erreicht, zerplatzt sie an ihr, und ihre Energien überströmen diesen Menschen. Ist die Zielperson gut geschützt, kann ihr nichts passieren, wenn nicht, wird es ihr bei häufigeren Angriffen immer schlechter gehen. Nach und nach können sich körperliche oder psychische Beschwerden und sogar Krankheiten einstellen.

Also: Jeder Gedanke wird an seinen Zielort gebracht, egal, wo er sich befindet. Alles kommt dort an, wo wir es sozusagen hindenken, hinlenken. Richten wir unsere Aufmerksamkeit auf unsere Stärken und auf positive Gedanken, profitieren nicht nur wir davon, sondern auch unsere Mitmenschen und unser Umfeld.

Kriegs- und Krisengebiete

Besonders in Kriegs- und Krisengebieten sind Menschen für negative Gedanken anfällig. Der Hass, die Wut, die Ängste, die gegenseitigen Verletzungen, die vielleicht schon Jahrhunderte währen, werden als großes Kollektiv zum Gegner ausgesendet und treffen auf das Zielobjekt, in dem Fall das zu bekämpfenden Land und die Menschen, die dort leben.

Wenn wir die einzelnen Länder in den betroffenen Gegenden von oben betrachten, sind riesige verdichtete Energiewolken zu erkennen, die sich aufeinander zu bewegen und kollidieren. Diese Wolken ziehen sich regelrecht an, da sie mit der gleichen niedere Energie gefüllt sind, jedoch richten sich die Energieformen gegeneinander. Bei einer Kollision entlädt sich die Energie über diesen Gebieten, und es entstehen mit der Zeit Kämpfe und Explosionen auf der realen Ebene. Doch es findet schon lange vorher ein Krieg statt, ein energetischer Krieg der Gedanken und Gefühle, der sich bei zunehmender Stärke auf der Erde manifestiert. Herrschen schon jahrhundertelange Streits in manchen Regionen der Erde, entsteht ein energetischer Kreislauf, den es zu durchbrechen gilt. Erst danach kann wieder Frieden einkehren. Dazu müssen sich jedoch die betroffenen Menschen gegenseitig in Vergebung üben, denn es gibt nur eine Lösung, um aus diesem energetischen Kreislauf des Krieges auszubrechen, und die heißt: Vergebung!

Auswirkung der Gedanken in der Partnerschaft

Besonders in Partnerschaften werden viele Energien gesendet. Die Emotionen gehen von Liebe, Zuneigung, Zärtlichkeit, Fürsorge, Mitgefühl, bis zu Wut, Eifersucht und Neid. Je enger wir mit unserem Gegenüber verbunden sind, desto schneller kommen unsere Intentionen bei ihm an. Stehen wir uns sehr nahe und leben in derselben Schwingung, spürt der jeweilige Partner sofort, was der andere denkt oder fühlt. Deswegen sollten wir achtsamer mit unseren Gedanken, die wir aussenden, umgehen. Wut, Hass, Groll, Neid und Eifersucht sind sehr starke, jedoch niedere Energien, die sehr schnell den anderen verletzen können.

Ist ein Partner wütend, werden regelrecht energetische Pfeile auf den anderen abgeschossen, die körperliche Beschwerden hervorrufen können. Für sehr sensitive Menschen sind diese Pfeile sogar wahrnehmbar. Es können aber auch dunkle energetische Blasen sein, gefüllt mit negativen Gedanken, die zum Partner gesendet werden und sich in dessen Aura festsetzen. Währen diese negativen Gedanken länger an, werden die dunklen Blasen/Flecke mit der Zeit verstärkt und können sich als körperliche oder seelische Beschwerden manifestieren.

Es gibt viele verschiedene Arten von Angriffen, in die sich die Gedanken umwandeln können. Dabei ist es wichtig zu wissen, welchen Schaden niedrig schwingende Gedanken beim anderen auslösen können, besonders wenn wir dem Menschen nahestehen. Deswegen sollten wir lernen, eigene negative Gedanken und Gefühle wahrzunehmen und die Ursache für ihre Anwesenheit zu erkennen und zu heilen. So senden wir immer lichtvollere Energien aus und können in Zukunft in Frieden und Liebe miteinander leben.

Andere Menschen bewerten: Wie macht sich das energetisch bemerkbar?

Wir sollten in unserem Alltag aufpassen, nicht in Gewohnheiten der „Alten Welt" zu verfallen, wie das Lästern, Beurteilen und Bewerten anderer. Leicht werden wir in dieses Verhalten hineingezogen, wenn sich Mitmenschen bereits in der Stimmung des Lästerns befinden, denn trotz hoher Eigenschwingung sind wir es gewohnt, uns der Schwingung der Gruppe anzupassen. Auch wenn wir uns anfangs innerlich weigern, werden wir höchstwahrschein-lich nach einiger Zeit in diese Schwingung hineingezogen und auch anfangen, über andere Menschen zu sprechen, wenn auch nicht so intensiv. Es muss nicht sein, dass wir uns so verhalten, aber die Wahrscheinlichkeit wieder in die alten Muster des Lästerns und Bewertens zu verfallen, erhöht sich, wenn wir uns längere Zeit in solch einer Grup-pe aufhalten.

Seien Sie stark in diesen Situationen und halten Sie das göttliche Licht aufrecht. Bemerken Sie trotzdem ein Absinken ihrer Eigenschwingung, seien Sie konsequent und verlassen sofort diese „Lästerrunde". Eine niedrige Eigenschwingung nährt unser Ego und aktiviert somit un-sere alten, bereits vergessenen Verhaltensweisen. Wir begeben uns wieder in das Massenbewusstsein der Drit-ten Dimension, von dem wir uns so mühsam gelöst und befreit hatten.

Hören Sie auf Ihr Herz und handeln sie danach. Wenn sich mehrere Menschen gleichzeitig über eine Person ne-gativ auslassen, steht diese unter massivem energetischen Beschuss. Da die Zielperson auf solche Angriffe nicht vor-bereitet ist, sie ist ja abwesend, können diese ihre Aura und/oder ihr Herz sehr verletzen. Die Lebenskraft und En-ergie des angegriffenen Menschen senken sich, je nach-dem, wie oft er unter Beschuss gerät. Da meistens immer über dieselben Menschen hergezogen wird, wie zum Bei-spiel beim Mobbing, werden sie automatisch in eine Opfer-rolle gepresst. Oft können sich die Opfer nicht gut wehren und schützen, da es ihnen zunehmend an Kraft fehlt.

Denken und fühlen mehrere Menschen in ähnlicher Weise, werden sie von ihrer Schwingung gegenseitig angezogen. Niedrig schwingende Gedanken ziehen genau die Situationen und Menschen ins Leben, die dieser Energie entsprechen. So ziehen zum Beispiel göttliche Gedanken göttliche Erlebnisse, Situationen und Menschen an.

Auswirkungen der Gedanken von anderen

Sind andere neidisch auf den Erfolg eines Selbstständigen, und sind diese energetischen Angriffe stark, wird sich das auch auf den Erfolg des Betroffenen niederschlagen – der Erfolg wird weniger oder stellt sich sogar ganz ein. Freuen sich die Menschen über den Erfolg anderer, nehmen die Aufträge zu. So geschieht das mit allen Bereichen, in die wir unsere Aufmerksamkeit und Gedanken lenken. Jeder Gedanke ist Energie und realisiert sich auf Erden, nicht nur bei uns selbst, sondern auch bei anderen.

Auswirkung der eigenen Gedanken

Jeder Gedanke wird an sein Ziel gebracht, auch wenn wir über uns selbst nachdenken. Alles kommt dort an, wo wir es sozusagen hindenken. Richten wir unsere Aufmerksamkeit auf unsere Stärken, Fähigkeiten und unsere Schönheit, werden diese gestärkt und nehmen an hoch schwingender Energie zu. Senden wir negative Gedanken an uns selbst, haben diese entsprechende Auswirkungen auf unseren Körper, unsere Seele und unser Sein, denn wir verletzen und greifen uns dadurch selbst an.

Zweifel, Ängste, selbstzerstörerische Gedanken und Minderwertigkeitskomplexe sehen wie dunkle Energieblasen aus, die sich erst einmal in unserer Aura und dann in unseren energetischen Körpern festsetzen. Bei sich wiederholenden Gedanken oder Gefühlen nisten sich diese dunklen Energien in unseren Körper regelrecht ein. An dieser Stelle sinkt die Energie drastisch ab, es entsteht eine energetische Unterversorgung, und es bilden sich Blockaden, sodass der optimale Energiefluss nicht mehr gegeben ist. Dort können sich nun bei immerwährendem Beschuss gleicher niedrig schwingender Gedanken körperliche oder psychische Beschwerden entwickeln. Sinkt das Energiepotenzial auf weniger als sechzig Prozent an der betroffenen Stelle ab, entwickeln sich dort leichte körperliche Beschwerden, ab dreißig Prozent wird es ernst, und bei null Prozent versagen die energetischen Kräfte, und die Organe „funktionieren" nicht mehr und „sterben" ab.

Werden diese Blockaden nicht rechtzeitig gelöst, breiten sie sich immer weiter aus, und wenn wir unsere Gedanken nicht ändern, werden die verdichteten Energien immer wieder von ihnen genährt und gestärkt. Auf der körperlichen Ebene können zwar die körperlichen Beschwerden mit Medikamenten bekämpft werden, jedoch nicht die Ursache dafür. Die Beschwerden kehren entweder immer wieder an diese Stelle zurück, oder sie suchen sich ein neues Areal im Körper. Dies geschieht so lange, bis wir unsere Einstellung ändern und die seelischen Ursachen für unser Denken erkannt haben.

Unterschied von negativen und positiven Gedanken

Niedrig schwingende Energieblasen sind in ihrer Form begrenzt, sie können sich entweder nur mit anderen Blasen zusammenschließen oder sich in ihrer eigenen Kraft verstärken. Indem wir immer wieder dieselben Gedanken aussenden, werden der Inhalt und die Kraft in der „Gedankenblase" potenziert.

In ihrer Farbe unterscheiden sich die einzelnen negativen Gedankenblasen nur in ihrer Abstufung der Grautöne bis hin zu Schwarz. Bei sehr niedrig schwingenden und lange bestehenden Gedanken kann es sogar sein, dass die Energieformen ein Eigenleben annehmen. Sie sind dann sogenannte Elementale, die den Menschen in seinem Ego, seinen alten Denkweisen und seiner eventuellen Sucht gefangen halten. Das passiert sehr oft, unter anderem bei Alkoholabhängigkeit, Magersucht, Bulimie und ähnlichen Krankheiten. Die selbstzerstörerischen Gedankenmuster sind so stark gegen den Betroffenen gerichtet, dass er aus eigener Kraft nicht mehr aus dieser Krankheit herausfindet.

Niedrig schwingende Gedanken brauchen immer ein Ziel, denn ohne Zieleingebung können sie nicht existieren. Leider haben negative Gedanken in der Dritten Dimension immer ein Ziel, denn sie gehören zum Denken des alten Massenbewusstseins. Hoch schwingende Energien dagegen brauchen kein Ziel, sie SIND einfach nur und können aktiviert werden. Wenn göttliche Liebe ohne Ziel ausgesendet wird, erreicht sie alles – die Natur, die Menschen, die Tiere, die Erde, das Universum, je nachdem, wer diese Liebe momentan braucht.

Hoch schwingende Energien sehen wie Sonnenstrahlen aus. Sie sind ohne Form, grenzenlos, und strahlen göttliche Energien aus. Diese wunderbaren Energien senden ihre lichtvollen Strahlen in alle Winkel dieser Erde und gewinnen durch positives Denken und Fühlen an Größe. Ihre Farbe ist meistens gold-gelb-weiß, kann aber je nach Bedürfnis mit anderen Heilfarben gemischt werden. Sie heben die Schwingung an, heilen und unterstützen uns bei unserem Aufstieg ins Licht, in die Neue Welt der Fünften Dimension. Trifft eine hoch schwingende Energie auf einen Menschen, kann dieser selbst entscheiden, ob er diese Energie annehmen oder sich davor verschließen möchte, denn die Energien der positiven Gedanken haben eine transformierende Wirkung, für die mancher vielleicht noch nicht bereit ist. Möchten wir diese schönen göttlichen Energien für uns verwenden, können wir sie mit gutem Gewissen annehmen, denn dafür sind sie schließlich erschaffen worden: um uns zu helfen und zu heilen.

Auswirkungen der Gedanken auf das Herznetz

Allein durch die Auswirkung unserer Gedanken entwickeln sich auf der Erde energetisch helle oder dunkle Stellen. Im Moment verändert es sich, denn die helleren Stellen nehmen zu. Dennoch gibt es genug Krisengebiete, in denen ein Krieg der Gedanken und Energien herrscht.

Natürlich entstehen nicht nur in diesen Regionen energetisch dunkle Flecken, sondern überall dort, wo die alten Egostrukturen des Wettkampfes, der Macht und der Gier noch bestehen. So können diese dunklen Flecken, der energetische Smog unserer Gedanken, den Aufbau des Herznetzes erheblich behindern. In den Krisen- und Kriegsgebieten jedoch kann das Herznetz erst gar nicht aufgebaut und aktiviert werden, da das kollektive Massen- und Egobewusstsein noch zu stark ist und zu viele Verletzungen auf beiden Seiten entstanden sind. Die Schwingungen sind zu niedrig, um neue Strukturen entstehen zu lassen. Es gibt zwar vereinzelte blitzenden Lichtfunken, die von den Lichtarbeitern dieser Länder ausgehen, aber diese haben genug damit zu tun, ihren eigenen Lichtfunken und ihre Eigenschwingung in diesen Krisengebieten aufrechtzuerhalten. Schicken wir ihnen die Stärkung, die sie für ihre göttliche Aufgabe benötigen, damit sie es etwas leichter haben.

Jeder kann seinen persönlichen Beitrag für den globalen Frieden leisten, indem er in sich den Frieden findet, ihn lebt und friedvolle Gedanken an die Menschen in den Krisengebieten dieser Welt sendet. Wenn wir dem Frieden in uns wieder Raum geben, uns mit ihm verbinden, können wir ihn leben und nach außen strahlen und so bei der Transformation der Menschheit und der Erde helfen. Wir alle können bei der Unterstützung des Friedens auf der Welt mitwirken, indem wir regelmäßig göttliche Strahlen der Liebe, des Friedens und des Vertrauens in ein Gebiet oder zu Menschen, die sich in Not befinden, senden. Man braucht sich nur vorzustellen, wie ein großer heller Strahl in der benötigten Farbe auf diese Gegend leuchtet, zu den Menschen strahlt und die dunklen Flecke der Erde erhellt. Jedoch darf diese „Behandlung" nur aus reinem Herzen, ohne Absicht und ohne Erwartung erfolgen. Wenn wir merken, dass das Manifestieren eines Friedensstrahls oder das Senden von Liebe aus unserem Herzen nicht funktioniert, müssen wir es sein lassen. Dann können wir nicht helfen, sondern wir können nur die göttliche Quelle und ihre Lichtwesen darum bitten, dass zum Wohle aller und dem großen Ganzen Heilung geschieht.

Lichtarbeiter als zentrale Lichtpunkte in den Ländern

Es gibt Lichtarbeiter, die für eine besondere Aufgabe auserwählt wurden. Sie fungieren als „zentrale Lichtpunkte" in ihren Gebieten und Ländern, die, von einer höheren Ebene aus betrachtet, wie kleine, glitzernde blaue Diamanten aussehen, die sich an bestimmten Orten in den jeweiligen Ländern und Staaten befinden. Diese Orte liegen auf Kraftplätzen der Erde, keine „normalen" Kraftplätze, wie wir sie bis jetzt kennen, sondern an diesen Orten fließen spezielle Energien aus vielen verschiedenen Ebenen zusammen, die genau für diese Arbeit als zentraler Lichtpunkt benötigt werden. Die unterschiedlichen Energien unterstützen die Lichtarbeiter in ihrer Arbeit, die diese energetischen Strömungen unbewusst wie auch bewusst wahrnehmen, und benutzen sie für ihre transformatorische Arbeit als „zentralen Lichtpunkt".

Die Aufgabe der zentralen Lichtpunkte besteht darin, das Land/das Gebiet, in dem sie wohnen, wieder in ein energetisches Gleichgewicht zu bringen. Dies kann durch bewusste Handlungen, die Auseinandersetzung mit den jeweils aktuellen Energien erfolgen, aber auch unbewusst, indem sie ihren spirituellen Weg stetig weitergehen. Die spirituellen Fähigkeiten eines zentralen Lichtpunkts wirken dann erst einmal unbewusst, bis ihm Stück für Stück seine neue Aufgabe bewusst aufgezeigt wird. Bei der bewussten Handlung arbeiten die Lichtarbeiter eng mit den energetischen Strömungen der verschiedenen Ebenen zusammen, zum Beispiel mit den Lichtwesen, dem Bewusstsein der Menschen und Tiere, den kosmischen Energien, der Natur und den Erdenergien. In dieser Hinsicht werden sie Meister der Energien im Zusammenspiel zur Heilung aller im großen Ganzen.

Energetische Strömungen

Die Energetischen Strömungen sind Energien, die sich in verschiedenen Ebenen bewegen:

- Emotionen und Gedanken der Menschen, die als Energieform in der Dritten und Vierten Dimension „unterwegs" sind.
- Transformationsenergien der Menschen.
- Kosmische Einstrahlungen.
- Transformationsenergien der Erde.
- Energien der Elementarwesen, Engel und anderer Lichtwesen.
- Geomantische Strahlungen, energetische Strömungen in der Erde und der Erdoberfläche.
- Energien, die sich in den Zwischenebenen über der Erdoberfläche befinden.
- Energien aus anderen Kulturen, die sich derzeit noch selten zeigen, wie zum Beispiel Atlantis, Avalon und Lemurien.

Die Arbeit mit den verschiedenen Ebenen hat mit dem Ausgleich untereinander, der Umwandlung in höhere Energien und der Verbindung zum Universum zu tun. Die Ebenen werden so ins Gleichgewicht gebracht, damit sie wieder mit sich und den anderen in Harmonie zueinander stehen. Dazu gehört auch die Arbeit mit den Erdenergien, die sich derzeit genauso transformieren wie die Menschen. Außerdem arbeiten die zentralen Lichtpunkte mit dem Bewusstsein der Menschen und der Tiere, indem sie ihnen Licht, Liebe und andere göttliche Energien senden, die ihre Heilung unterstützen. Alles geschieht aus reinem Herzen und mit göttlicher Liebe.

Die Lichtarbeiter, die noch unbewusste zentrale Lichtpunkte sind, heilen durch ihre bloße Anwesenheit, da sie bereits ihren Herzensweg gehen und sich vollkommen der Führung der göttlichen Quelle anvertraut haben. Ihre Schwingung ist bereits jetzt schon so hoch, dass sie durch ihre eigene innere spirituelle Transformationsarbeit in dieser neuen, ihnen zugeteilten Aufgabe unbewusst zum Weltfrieden beitragen.

Die zentralen Lichtpunkte sind länderübergreifend energetisch miteinander verbunden und unterstützen sich gegenseitig, genau wie beim Herznetz. Sie befinden sich in einzelnen Gebieten der Länder und/oder Bundesländer/ Staaten. Die Aufteilung der einzelnen Gebiete obliegt nicht den Grenzen der Staaten, jedoch der jeweiligen Länder. Trotzdem ist dieses diamantene Netz von Lichtpunkten in regelmäßigen Abständen über die Erdoberfläche verteilt.

In manchen Ländern gibt es nur einen zentralen Licht-punkt, da in diesen Gebieten noch zu viele alte Strukturen herrschen und es noch einige Jahre dauern wird, bis auch die-se sich gewandelt haben und neue zentrale Lichtpunkte hinzukommen können. Diese Aufgabe ist eine große He-rausforderung, da diese lichtvollen Seelen sich in einer Umgebung befinden, die nicht gerade ihr Vorhaben unter-stützt. Sie müssen einen sehr starken Willen, viel Geduld und Kraft, große Standhaftigkeit und Durchhaltevermögen aufbringen, um ihrer Aufgabe nachkommen zu können. Regelmäßige Reinigungen und Energetisierung ihrer ei-genen inneren Diamanten/Seelenkristalle sind von großer Wichtigkeit, damit sie optimal ihrer Berufung als zentraler Lichtpunkt und ihrer eigenen Transformation nachkommen können, da sie sonst zu angreifbar für die momentan noch vorherrschenden Energien in Krisen- und Kriegsgebieten sind.

Doch nicht nur in Krisengebieten ist es für die zentra-len Lichtpunkte schwierig zu arbeiten, auch in Ländern, in denen die alten Strukturen der Dritten Dimension noch die Oberhand haben, benötigen die Lichtarbeiter viel Kraft, Licht und Liebe.

Wir können den zentralen Lichtpunkten helfen, indem wir ihnen viel göttliche Liebe und Kraft senden. Nach und nach werden immer mehr wundervolle Lichtpunkte entzün-det und aktiviert, dafür bedarf es aber zusätzlicher Hilfe von Lichtwesen aus höheren Dimensionen, denn ohne sie wäre dieser Prozess im Moment überhaupt nicht möglich. Mit der Zeit, werden viele Lichtarbeiter bemerken, dass sie zu dieser Aufgabe berufen sind und ihr aus reinem Herzen folgen. In der Neuen Welt wird es viele neue „Berufe" geben, die genau unserer göttlichen Aufgabe, unseren individuellen spirituellen Fähigkeiten und unseren Herzenswünschen entsprechen. Wir können uns jetzt schon darauf freuen, dass jeder den Platz einnimmt, der für ihn vorgesehen ist.

Frieden auf Erden – Die Friedenswelle

Die Friedensenergie ist eine blaufarbene Energie, die sich wie Ozeanwellen von ihrem Ausgangspunkt ausbreitet – wie ein Tropfen im Meer, das Wellen schlägt. Friedensenergie strahlt Harmonie, Vertrauen, Kraft und innere Ruhe aus und kann von jedem ausgesendet werden, der seinen inneren Frieden gefunden hat. Die Intensität der Friedensenergie unterscheidet sich von der Energie der göttlichen Liebe indem sie sich langsamer fortbewegt und ihr eine ruhende Kraft innewohnt. Beide Energien haben ihren Ursprung im Herzzentrum. Von dort aus wird der Friede gesendet, bewusst oder unbewusst. Wir können den Frieden an alle Orte dieser Welt, in alle Situationen und zu allen Menschen schicken. Dabei ist es von großer Wichtigkeit, dass wir es frei und ohne Absichten tun, denn wir können zwar Frieden aussenden, aber es steht nicht in unserer Macht, Frieden in bestimmten Ländern wieder herzustellen, die Friedensenergie dient lediglich der Unterstützung.

Wir können den Frieden als Energiewelle oder als Strahl aus unserem Herzen aussenden. Zudem können wir besonders bei Ländern visuell eine blaue Lichtsäule, die von der göttlichen Quelle ausgeht und auf das jeweilige Gebiet strahlt, errichten. Mehr jedoch können wir bewirken, wenn wir unseren eigenen Frieden ins uns gefunden haben und ihn leben. Die Ausstrahlung, die wir dadurch erlangen, heilt gleichzeitig unser Umfeld, und so tragen wir automatisch zum Weltfrieden bei. Dieses ist das Ziel, das im Sinne des Großen Ganzen steht und das wir in naher Zukunft auch erreichen werden.

Innerer Frieden

Inneren Frieden erlangen wir dann, wenn wir alle unsere alten Programme in Bezug auf unser Vertrauen/ Misstrauen, unser Ego und unseren Selbstwert, um nur einige zu nennen, in neue Energien und göttliche Liebe transformiert haben. Es gibt so viele verschiedene Ursachen für nicht gelebten Frieden in uns. Es fängt bereits damit an, dass wir die meiste Zeit mit uns selbst im Unfrieden liegen. Warum bin ich so dick? Warum habe ich die Prüfung nicht geschafft? Hätte ich es anders machen sollen? Ich muss mehr arbeiten usw. Wir sind Meister der eigenen Kriegsführung gegen uns selbst und wissen genau, wie wir uns am besten fertigmachen können. Wir können uns wunderbar selbst unter Druck setzen. Wann hören wir endlich auf damit?

Hinzu kommt noch der energetische Krieg, den wir mit unserer Umwelt führen. Alles, was wir an Beschimpfungen und Beschuldigungen loswerden, an energetischen Pfeilen aussenden, kommt in potenzierter Form zu uns zurück. Somit ist der Kampf mit unserem Außen immer auch ein Kampf gegen uns selbst.

Hören wir endlich auf zu kämpfen und lassen die Waffen fallen. Hingabe und Annehmen sind in den Zeiten des Aufstiegs gefragt. Lernen wir, uns zu achten und zu respektieren, fangen wir an, uns selbst zu lieben und an uns zu glauben. Nehmen wir endlich unsere Göttlichkeit und Schönheit an, dann wandelt sich auch der innere Kampf in Frieden um. Das Glück, das sich dann in uns einstellt, strahlt auf unsere Umwelt aus, und wir werden merken, dass sich Situationen, Menschen, ja, unser ganzes Leben zum Positiven wenden wird.

Wir haben die Kraft des Friedens bereits in uns, und so kann jeder dazu beitragen, eine neue Welt in Harmonie und Liebe aufzubauen. Die Aufgabe der erwachten und lichtvollen Menschen ist es, ihr eigenes Licht zu vergrößern und sich der göttlichen Liebe hinzugeben, damit die anderen sehen, wie das Leben hier auf Erden auch in Frieden funktionieren kann.

Getrennter Friedensstrahl

Auch wenn wir Frieden und Licht in Länder, die sich im Krieg miteinander befinden, senden, kann es sein, dass dort die Differenzen zu groß sind und es nicht möglich ist, einen einzigen gemeinsamen Friedensstrahl dort zu errichten. Oft müssen dann zwei oder mehrere voneinander unabhängige Lichtsäulen installiert werden, um den Frieden und die Menschen zu unterstützen. Zu lange währt in diesen Gebieten der Krieg, wie zum Beispiel in Israel und Palästina. Bereits auf höherer Ebene sind diese beiden Länder geteilt. In so einem Fall liegt es nicht in unserer Macht, und es ist auch nicht unsere Aufgabe, dort einzugreifen. Wir können ihnen Licht und Liebe schicken, aber wir sollten nicht versuchen, dort Gott zu spielen. Diese Lösung des Krieges liegt in den Händen der Betroffenen, es ist ihre Aufgabe, es ist ihr Schicksal.

Da die Schwingung der Erde stetig zunimmt, werden die Bewohner in Kriegs- und Krisengebieten jetzt die Möglichkeit erhalten, diese niederen Energien des Krieges beziehungsweise Egos zu transformieren. Es müssen viele Menschen bereit sein, alte und neue Verletzungen hinter sich zu lassen, anfangen, einander zu vergeben und zu vertrauen und die „Wünsche" des Egos zu erkennen und nicht mehr zu beachten. Nur dann kann eine neue Ära des Friedens beginnen. So lange aber die Menschen noch in ihren Programmen und Egos gefangen sind, gibt es keinen Lichtblick für sie und ihre Länder.

Botschaft von Lord Melchisedek

Alle Welt will heilen

Ich grüße euch, liebe Menschenkinder.

Ich möchte mit euch über ein Thema sprechen, das mir sehr am Herzen liegt. Viele fühlen sich dazu berufen, den Menschen auf ihrem Weg in die Fünfte Dimension zu helfen. Die Aufgaben der Lichtarbeiter und Heiler sind gut verteilt, und viele Seelen haben sich vor ihrem Erscheinen auf Erden dafür entschieden, Menschen bei ihrer Transformation in die Fünfte Dimension zu unterstützen. Sie sind sich ihrer Lebensaufgabe und ihrer Verantwortung bewusst und müssen sich selbst und anderen nichts mehr beweisen.

Leider denken viele Menschen, sie wären ebenfalls Lichtarbeiter und auserwählt, dazu berufen und mit besonderen medialen und spirituellen Fähigkeiten versehen, um ihren Mitmenschen in ihrem Aufstiegsprozess zu helfen. Sie glauben, sie könnten reinen Kontakt zu Lichtwesen, wie zum Beispiel Engel und Aufgestiegene Meister, aufnehmen und sich in den Energien der höheren Dimensionen aufhalten und damit arbeiten.

Doch viele Menschen sind noch zu sehr in eigenen Programmen und ihrem Ego verfangen, um anderen wirklich helfen zu können. Vielleicht sind sie sogar von Fremdenergien besetzt und deshalb blockiert, reine Heilenergien und Informationen aus der Lichtebene zu empfangen und weiterzuleiten. Es gibt viele verschiedene Gründe für un-

reine Durchsagen und Heilenergien. Auch wenn sie möglicherweise zukünftige Lichtarbeiter sind, sind sie jetzt noch nicht in der Lage, in diesem Beruf zu arbeiten.

Letztendlich werdet ihr alle, die ihr euch für die neue Welt entschieden habt, eine so hohe Eigenschwingung erreichen, dass ihr fähig seid, reinen Kontakt zu eurem Höheren Selbst, den Lichtwesen und zur göttlichen Quelle herzustellen, um eigenverantwortlich und aus reinem Herzen zu leben. Aber bis ihr diesen Zustand erreicht habt, werden noch einige Jahre vergehen. Bis dahin ist es wichtig, dass ihr lernt, auf euer Herz und euer Bauchgefühl zu hören, besonders, wenn ihr euch jemandem anvertraut, der euch in eurer Transformation helfen soll.

Achtet auf eure innere Stimme, die Ja oder Nein zu dem jeweiligen Helfenden sagt. Lasst euch nicht vom Glanz des Egos des anderen blenden. Oft weiß der Behandelnde selbst nicht, dass er in seinem Ego noch verhaftet ist, was die Sache noch schwieriger macht. Prüft denjenigen, dem ihr euch anvertrauen wollt, genau.

Leider gibt es derzeit viele Menschen auf Erden, die bewusst versuchen, ihre Mitmenschen in ihrer Transformation zu manipulieren und sie an ihrer Lichtwerdung zu hindern. Andere sind der Gier des Geldes verfallen, vermarkten ihre eigenen Dinge im Übermaß oder verlangen horrende Preise für ihre Behandlungen und/oder Seminare. Achtet auf das Gleichgewicht, auf das Geben und Nehmen.

Andere „ehemalige" Lichtarbeiter verlieren sich momentan in verwirrenden Illusionen ihrer langsam schwindenden Realität der Vierten Dimension. Sie haben vergessen, sich während ihrer Transformation an das Licht der Fünften Dimension zu halten und sich mit ihm zu verbinden. Der Markt an Angeboten im spirituellen, esoterischen und heilenden Bereich ist so komplex geworden, dass ihr genau hinschauen müsst, was euch zusagt und euch wirklich guttut.

Dazu kommen noch die Menschen, die derzeit als Hobbytherapeuten unterwegs sind. Sie versuchen, mit ihrem Halbwissen aufzutrumpfen und anderen zu „helfen". Diese „Hobbylichtarbeiter" können die Transformation ihrer Mitmenschen behindern und ihnen sogar unbewusst Schaden zu fügen. Sie besitzen nicht die Fähigkeit zu erkennen, auf welcher Stufe sich der zu Behandelnde befindet und welcher Schritt für seine Seele jetzt wichtig wäre. Achtet auf die Schwingung und den Hintergrund ihres Tuns. Ist es sein Egoverhalten, möchte der andere durch seine „Fähigkeiten" nur Anerkennung, oder ist es vielleicht sein Helfersyndrom? Möchte derjenige sich selbst oder anderen etwas beweisen, möchte er etwas Besonderes darstellen, oder hilft er wirklich aus reinem Herzen?

Viele wollen unbedingt als Lichtarbeiter und Heiler arbeiten, haben aber nicht diese besonderen göttlichen Fähigkeiten verliehen bekommen, die einen Lichtarbeiter ausmachen. Lichtarbeiter erkennen, in welcher Phase sich der Suchende befindet, welches seine Blockaden sind, die ihn abhalten, den nächsten Schritt zu tun. Sie wissen, welche Informationen sie ihm weitergeben dürfen, und welche sie für sich behalten, damit dem Klienten seine Erfahrungen nicht genommen werden. Auch durch Wissen, das zu früh preisgegeben wird, kann man die Selbstheilung *des Menschen blockieren, doch viele Hobbytherapeuten wollen missionieren und lassen dem anderen nicht die Zeit, die er für seine Transformation vielleicht braucht.*

Es geht nicht darum, dass ein Lichtarbeiter eine besondere Ausbildung absolvieren sollte, sondern dass er sich der Verantwortung seiner göttlichen Aufgabe und seiner von Gott verliehenen Fähigkeiten bewusst ist. Jeder Mensch hat in sich spirituelle Fähigkeiten, doch ob diese im jetzigen Leben zum Vorschein kommen, hängt von seinem Wunsch ab, sich weiterzuentwickeln. Menschen, die sagen, sie können dich heilen, sind mit Vorsicht zu genießen, denn keiner kann einen anderen heilen. Bestenfalls könnt ihr einen Menschen in seiner Selbstheilung unterstützen, indem ihr ihm die göttlichen Energien vermittelt, die er dafür benötigt. Als Lichtarbeiter dient ihr als Kanal, und zusammen mit euren spirituellen Fähigkeiten könnt ihr einiges bei euren Klienten aktivieren und ihre Heilung unterstützen.

Lichtarbeiter sind an ihrer besonderen Ausstrahlung zu erkennen. Sie weisen eine hohe Eigenschwingung auf und handeln und leben aus ihrem Herzen. Schaut genau hin, schaut mit eurem Herzen und vertraut seiner Stimme, dann werdet ihr immer genau die Menschen treffen, die ihr für eure spirituelle Weiterentwicklung benötigt und die euch auf eurem Weg mit göttlichen Informationen und lichtvoller Liebe unterstützen werden.

In göttlicher Liebe,
Lord Melchisedek

Die ägyptische Götti Teje

Das Herznetz der Göttinnen

Das Herznetz der Göttinnen ist ein Verbund auf energetisch höherer Ebene, zu dem sich verschiedene weibliche Lichtwesen wie Engelwesen, Aufgestiegene Meisterinnen, Priesterinnen, Göttinnen und Königinnen aus anderen Welten und Dimensionen zusammengeschlossen haben. Sie helfen dem Universum und der Erde bei ihrem Aufstieg zur göttlichen Quelle. Das Netz der Göttinnen zieht sich nicht wie das Herznetz der Menschen über die ganze Erde, sondern es befindet sich auf einer Ebene in einem gesonderten und geschützten Raum. Es hat die abgeschlossene Form eines Kreises, und die Herzverbindungen der Göttinnen bilden das Muster der Blume des Lebens.

Dieses Göttinnennetz strahlt von einer höheren Warte aus auf die Erde, und es gibt somit keine direkte Verbindung zur Erdenebene. Es hat eine übergeordnete Rolle in dem Aufstiegsprozess des Universums eingenommen, ist von einer unvorstellbaren Größe, und seine Kraft wird dort im Universum angewandt, wo sie gebraucht wird.

Im Moment ist dieses Netz für uns kaum greifbar, nur wenn wir uns regelmäßig mit ihm verbinden, stellen wir einen steten Kontakt her. Die gemeinsame Kraft und Macht der Göttinnen greift da unterstützend ein, wo die männlichen und weiblichen Energien im Ungleichgewicht sind, wo die weiblichen Energien zu wenig oder vielleicht auch zu viel sind, wo die Frauen noch in einer Welt der Unterdrückung ihrer Würde, ihres Potenzials und ihrer weiblichen Kraft leben.

In das Herznetz der Göttinnen, der Aufgestiegenen Meisterinnen und weiblichen Engelwesen wird eine Seele erst aufgenommen, wenn sie eine bestimmte Seelenebene und Bewusstseinsstufe erreicht hat. Diese Zeremonie geschieht von selbst, meistens nachts, während eines Traums. Energetische Fesseln, die sich die Frauen in den letzten Jahrhunderten haben anlegen lassen, werden dadurch in Licht und Liebe aufgelöst. Sie sind nun frei und betreten einen neuen Ring der Kraft. Ein neues Bewusstsein eröffnet sich ihnen, eine neue Stärke offenbart sich und gibt die Energie frei, die benötigt wird, um die neuen Aufgaben umzusetzen.

Wenn für uns der richtige Zeitpunkt gekommen ist, um in das Herznetz der Göttinnen aufgenommen zu werden, steht für uns eine Phase der Neuorientierung an. Es ist keine Orientierung im gewöhnlichen Sinn, sondern wir müssen mit unserer inneren Göttin und Königswürde ein neues Gleichgewicht finden, damit diese neuen Energien in Verbindung mit unserer Seele in die richtige Richtung gestoßen werden. Dieses neue Gefühl der inneren Würde muss erst einmal wahr- und angenommen werden. Kümmern wir uns trotz der immerwährenden Verbindung zu den Göttinnen nicht mehr regelmäßig um unsere innere Königin, vernachlässigen wir die besondere Beziehung zu uns selbst, und die Stärke dieser Verbindung lässt immer mehr nach, bis wir wieder von vorne anfangen müssen. Das kann öfter vorkommen als wir denken, da die meisten Frauen das Gefühl noch nicht kennen, diese besondere Würde, diesen königlichen Glanz auch wirklich verdient zu haben.

Nun ist jedoch die Erde in ein neues Bewusstsein eingetreten, vieles verändert sich, Altes wird hinter sich gelassen, und Neues kann nun in die energetische Erdatmosphäre eintreten. Wir sind nun bereit, diesen neuen Schritt zu gehen. Es ist besonders wichtig, dass wir davor unsere männlichen und weiblichen Anteile in uns ausgeglichen haben. Nur dann sind wir bereit, ganz in unserem Potenzial, unserer inneren Göttin aufzugehen. Es hat einen göttlichen Sinn im großen Ganzen, dass sich diese Seelen genau dieses Geschlecht für ihre derzeitigen Inkarnationen ausgesucht haben.

Die Aufnahme in diesen Verband, in diesen Ring der Göttinnen, zeugt von großer Ehre, denn die Seele, die nun in diesem Herznetz verankert ist, hat eine spezielle Aufgabe verliehen bekommen. Nur wer das Potenzial und die benötigten Fähigkeiten dazu hat, wird in diese göttliche Runde aufgenommen. Das soll nicht abwertend gegenüber denjenigen sein, die nicht dazu berufen sind, es gibt unendlich viele verschiedene Herznetze auf anderen Ebenen. Jeder hat sich einer individuellen Lebensaufgabe gewidmet. Es gibt energetische Herznetze der Elementarwesen, der Erdwesen, der Engel, der Ritter, der Götter und

Aufgestiegenen Meister, um nur einige zu nennen. Jede Seele, die sich momentan inkarniert hat, hat eine wichtige Aufgabe im großen Ganzen übernommen, um beim Aufstieg in die Fünfte Dimension mitzuwirken, die einen mehr, die anderen weniger, je nachdem, was in ihrem Lebensbuch geschrieben steht.

Das Herznetz der Göttinnen kommt dann zum Einsatz, wenn es für den Aufstieg in die Fünfte Dimension auf unserem Planeten gebraucht wird. Die Strahlen der Göttinnen wirken nicht direkt auf die Erde, wie zum Beispiel bei einem Friedensstrahl, den wir in ein bestimmtes Gebiet schicken können, sondern sie wirken auf der energetischen Ebene in unseren verschiedenen Körpern, auf die Räume zwischen unseren Körperzellen, auf das Christusnetz in uns, auf die Fünfte Dimension und höher.

Neues Energiezentrum –
Das Chakra der Königinnenwürde

Die Hauptaufgabe der Göttinnen besteht in ihrer Einwirkung auf unser neues Chakra im Rückenbereich unseres Lichtkörpers. Es steht für die Königinnenwürde und das ihr innewohnende Potenzial und befindet sich gegenüber unserem Herzzentrum. Die Göttinnen stärken es, unterstützen es in ihrer Wirkung und Entfaltung. Besonders helfen sie uns zu erkennen, dass wir dieses Potenzial wirklich in uns haben und es öffnen sollen, um es hier auf Erden umzusetzen. Haben wir uns mit diesem neuen Chakra intensiv beschäftigt und uns mit ihm verbunden, eröffnet sich uns ein neues Bewusstsein, denn es strahlt den Glanz, die Kraft und die Würde einer Königin aus. Dort befindet sich der Kontakt zu unserem Potenzial. Dort können wir uns bewusst mit unseren Fähigkeiten und unseren Aufgaben, die uns von der göttlichen Quelle verliehen worden sind, verbinden.

Es hat die Farbe Gold-Violett-Pink. Sein spiralförmiger Strahl fließt nach oben zur göttlichen Quelle und zu unserem Herzzentrum und bildet mit der Zeit ein lilafarbenes Dreieck in uns. Voraussetzung dafür ist die Öffnung unseres Herzens und die Aktivierung unserer Herzensliebe. Später entsteht ebenfalls ein lilafarbenes Dreieck in Richtung Erdmittelpunkt. Diese beiden lilafarbenen Dreiecke ergeben das Muster einer Raute, die sich als ein Teil des großen Ganzen in das Christusnetz der Erde einfügt. Das entwickelt sich jedoch erst in den kommenden Jahren, wenn wir bereit dazu und bestimmte energetische Voraussetzungen dafür gegeben sind. Allerdings können wir uns jetzt schon auf das neue Chakra der Königswürde konzentrieren und uns mit ihm verbinden, sodass alle Vorbereitungen getroffen sind und das lilafarbene Dreieck sich zum richtigen Zeitpunkt bilden kann. Ist das neue Energiezentrum aktiviert, können wir damit beginnen, unser Potenzial umzusetzen und unsere göttliche Aufgabe zu verwirklichen.

Energetisierung des neuen Chakras

Eine Energetisierung dieses Chakras entsteht durch ein regelmäßiges Verbinden in Form des bewussten Ein- und Ausatmens in dieses Energiezentrum. Ein intensives Spüren unserer inneren Schönheit, unserer Kraft und Königinnenwürde unterstützt dieses noch zusätzlich. Wir sollten es so oft wie möglich tun, bis wir diese wunderbaren Energien vollkommen in uns integriert haben und uns wirklich als Königinnen fühlen. Bei diesem göttlichen Vorgang hilft uns eine gerade Körperhaltung. Richten wir unseren Rücken genau an diesem Punkt auf, haben wir automatisch die Haltung einer Königin. Vielleicht mag es sich am Anfang etwas ungewohnt oder sogar schmerzhaft anfühlen, aber durch diese Handlung signalisieren wir unserem Körper, unserem Geist und unserer Seele Selbstvertrauen, Selbstsicherheit, Selbstbewusstsein, Selbstwert, Kraft, Präsenz, Schönheit, Verantwortung für uns selbst und Würde.

Persönliche Göttin

Werden wir auserwählt, in den Ring der Göttinnen aufgenommen zu werden, wird uns eine Göttin, Aufgestiegene Meisterin, Priesterin, ein weibliches Engelwesen oder ein Sternenengel zur Seite gestellt. Diese persönliche Göttin, die uns fortan begleiten wird, ist uns in ihrer Energie sehr ähnlich und unterstützt und fördert uns in unserem Vorankommen und unserem Sein. Sie hilft uns bei der Verbindung mit unserem Potenzial, bei der Umsetzung unserer göttlichen Aufgabe und bei der Weiterentwicklung unserer Fähigkeiten und unseres Bewusstseins. Des Weiteren schickt sie uns Hilfe in Form von Zeichen, Gedanken und Ideen, wenn wir uns in einer Krise befinden. Außerdem stärkt sie unsere inneren Göttinnenenergien, damit wir endlich in Würde, Kraft und Schönheit hier auf Erden leben.

In bestimmten Phasen unseres Lebens können sich weitere göttliche Mitglieder des Göttinnennetzes zu uns gesellen, um uns bei speziellen Aufgaben zu helfen und zu begleiten. Dieses neue Energiezentrum gilt natürlich auch für Männer, es steht für ihre innere Königswürde im Sinne des männlichen Königs. Sie haben so die Möglichkeit, in den Kreis der Götter aufgenommen zu werden.

Auch wenn wir die männlichen und weiblichen Energien in uns ausgeglichen haben, haben sich die Frauen dieser Erde bewusst für eine Inkarnation als Frau in ihrem derzeitigen Leben entschieden. Nur Seelen, die in diesem Leben als Frau inkarniert sind, haben die Möglichkeit, im großen Kreis der Göttinnen aufgenommen zu werden. Sie repräsentieren die vollkommene göttliche weibliche Kraft hier auf dem Planeten Erde. Je nachdem, welcher Lebensaufgabe sie nachgehen und welcher göttlichen Bestimmung sie folgen, werden ihnen besondere Aufgaben übertragen. Sie übernehmen damit eine große Verantwortung gegenüber sich und der Welt. Aber genau diese mutigen und kraftvollen Frauen brauchen wir, damit wir wieder ein ausgeglichenes Verhältnis zwischen Mann und Frau herstellen können.

Neue Energiezentren

In der Fünften Dimension öffnen sich neue Chakren in unserem Lichtkörper, die sich auf einer höheren Ebene als die alten befinden. Nur durch die Umwandlung in einen Lichtkörper zeigen sich diese neuen Energiezentren. Sie schwingen in der Energie der Fünften Dimension und tragen ganz neue Qualitäten in sich. Je nach Entwicklungszustand unserer Seele, unseres Lichtkörpers und unseres Bewusstseins öffnen sich diese neuen Energiezentren nach und nach.

Botschaft der ägyptischen Königin Teje

Seid gegrüßt, liebe Königinnen der Sterne und der Erde!

Heute möchte ich euch eine Botschaft übermitteln, um euch erkennen zu lassen, dass ihr des Status' der Königinnen würdig seid. Alles in euch kann in königlichem Glanz erstrahlen, wenn ihr bereit seid, es zuzulassen. Erkennt eure wahre Berufung auf Erden, die Göttin in euch. Preist eure Weiblichkeit und seht die Vorteile, die eine weibliche Inkarnation mit sich bringt. Ihr könnt den Menschen zeigen, wie königliche Würde und Glanz in euch neu entfacht sind.

In dem sechsten Energiezentrum oberhalb des Kronenchakras befindet sich eure Göttin, euer Höheres Selbst. Nehmt zu ihm Kontakt auf und verbindet euch mit ihm. Durch diesen intensiven Kontakt wird die Göttin in euer Leben auf Erden gebracht. Seht sie euch genau an! Was hat sie an? Wie bewegt sie sich? Wie gibt sie sich? Wie sieht sie aus?

Erkennt endlich, dass ihr diese göttliche Würde und den göttlichen Glanz bereits auf einer anderen Ebene besitzt. Jetzt liegt es an euch zu glauben, dass ihr wirklich wahre Göttinnen seid. Wir, die Gemeinschaft der Göttinnen, heißen euch herzlich willkommen. Wenn ihr es geschafft habt, wieder mit eurer Göttin eins zu sein, seid ihr bereit dafür, in das Netz beziehungsweise die Gemeinschaft der Göttinnen aufgenommen zu werden. Wir arrangieren und übernehmen die Aufnahme in diesen göttlichen Kreis. Je-

der Göttin auf Erden wird eine Göttin des Himmels zur Seite gestellt. Sie hilft euch bei diesem neuen Weg.

Mit der Anerkennung eurer göttlichen Würde und eures göttlichen Glanzes besteigt ihr den Thron der Göttlichkeit. Ein neuer Aufgabenbereich kommt auf euch zu. Es zeugt von großem Mut, wenn ihr es wagt, diesen Schritt zu gehen. Doch ohne Einverständnis von eurer Seite werden wir nichts in diese Richtung unternehmen. Aber wollt ihr diesen großartigen Schritt wirklich gehen, werden wir euch unterstützen. Zu eurer Lebensaufgabe werden euch neue Aufgaben übertragen, die neue Fähigkeiten erwachen lassen. Keine Angst, diese neuen Bereiche, denen ihr euch widmen dürft, haben mit euren spirituellen Gaben und Interessen zu tun. Es wird keine neue Bürde mit diesen neuen Aufgaben auf euch geladen, sondern es bedeutet eine besondere Ehre und eine große Bereicherung, diesem Weg zu folgen. Er geht konform mit eurem Lebensweg.

Die neuen Fähigkeiten wie auch Aufgaben werden sich euch zum richtigen Zeitpunkt offenbaren. Neues Wissen wird euch vermittelt werden. Seid gespannt und freut euch auf diese neue Phase des Lebens, denn sie ist göttlich! Steht zu eurer königlichen Würde, denn ihr verdient es, nur das Beste zu erfahren. Seht euren großartigen Wert, strahlt diesen aus. Ihr seid die Göttinnen, Königinnen der Weiblichkeit! Arbeitet an eurem Selbstwert. Erhöht ihn regelmäßig, achtet und ehrt ihn. Fühlt euch wahrlich königlich. Steht zu euren kosmischen Rechten und lasst euch nicht von vorgeschrieben Gesetzen des

Mannes einschüchtern. Jetzt ist endlich Schluss mit der Unterdrückung.

Wir würden uns sehr freuen, wenn wieder ein göttliches Gleichgewicht zwischen Gott und Göttin auf Erden herrschen würde, denn das Weibliche und Männliche gehören zusammen und bilden eine göttliche Einheit. Dafür ist es vonnöten, dass sich die Weiblichkeit in uns wieder feiern lässt. Es ist eine große Ehre, als Frau in dieser Phase auf Erden geboren worden zu sein. Habt den Mut, wieder zu euch zu stehen, wieder eure Weiblichkeit zu leben. Von Geburt an hattet ihr die Fähigkeit, Energien wahrzunehmen und zu fühlen. Erinnert euch wieder an die spirituellen Fähigkeiten einer Frau und geht diesen Weg mit neuem Selbstbewusstsein! Wir freuen uns sehr, euch wieder in unserem Kreis begrüßen zu dürfen.

In göttlichem Glanz,
Königin Teje aus Ägypten,
Frau des Pharaos Amenophis III.

St. Germain

Seelengruppen

Seelengruppen sind aufgespaltene Seelenenergien der wunderbaren gemeinsamen Energieform in der Lichtebene, die sich in einer bestimmten Phase der Teilung zusammengeschlossen haben, um sich später leichter wiederzufinden. Dieser Bereich ist sehr komplex, doch wird uns tieferes Wissen in den kommenden Jahren zugänglich gemacht. Letztendlich gilt hier das kosmische Gesetz der Schwingung, um sich wiederzufinden. Gleiche Schwingung zieht gleiche Schwingung an, so finden die Seelengruppen, wie Seelenschwestern, Seelenbrüder und Seelenpartner, wieder zueinander. Das Schwingungsmuster der Seelengruppe muss nicht unbedingt mit der „wirklichen" Verwandtschaft auf Erden etwas zu tun haben. Die Zusammenführung der eigenen Seelengruppe ist für das Herznetz und für den Aufstieg der Erde und seiner Bewohner sehr wichtig.

Goldene Seelenkugel

Vor ewigen Zeiten in höchsten Dimensionen waren wir eine einzige Energieform, die auch andere Lebewesen von anderen Sternenwelten und Planeten mit einschloss. Damit sich diese Energie weiterentwickeln konnte, teilte sie sich immer weiter auf. Irgendwann spaltete sie sich in kleinere Energieteile auf, die wie goldene Seelenkugeln aussahen. Je nachdem, welche Erfahrungen sie machen wollten, teilten sich die goldenen Kugeln in eine bestimmte Anzahl von Seelenenergien. Sie trennten sich in gleich große Energieformen auf, die mit der Zeit ein eigenes Seelenbewusstsein entwickelten.

Diese „neuen" Seelen enthielten nicht alle die gleichen Eigenschaften, Energien und Seelenanteile, wie zum Beispiel bei einer normalen Zellteilung, sondern sie erhielten die Energieformen, die sie für ihre Seelenentwicklung mit der dazugehörigen gewünschten Erfahrung benötigten. Die durch die immer wiederkehrende Teilung inzwischen klein gewordenen Seelenkugeln wurden nun bei der letzten Teilung in unförmige Seelenenergien aufgeteilt, und die goldenen Seelenkugeln wurden vollkommen aufgelöst.

In allen unseren vergangenen Inkarnationen hatten wir die Gelegenheit, uns wieder mit einigen Seelenanteilen zu vereinigen beziehungsweise sie anzunehmen und zu integrieren. Das Besondere in der momentan herrschenden Phase auf Erden ist, dass wir nun die Möglichkeit bekommen, das erste Mal seit langer Zeit wieder eine goldene Seelenkugel zu werden. Dieses ist durch die Verschmelzung mit unserem Seelenpartner möglich. Noch sind wir nicht eins mit der ursprünglichen Seelenessenz, jedoch beschreiten wir nun eine neue Dimension, die uns dieser wieder ein Stückchen näherbringt. Diese Seelenvereinigung und Bildung einer neuen Seelenkugel ist momentan nur hier auf der Erde möglich.

In allen vergangenen Leben haben wir „verloren gegangene" Seelenanteile wieder eingesammelt, angenommen und integriert. Durch ein Zusammentreffen in den jeweiligen früheren Leben mit unseren „familiären" Seelenenergien unserer Seelengruppe wurden wir langsam wieder ganz. Deswegen ist heute eine besondere Zeit angebrochen, wir sind soweit ganz geworden, dass wir uns das erste Mal seit langem mit einer Seele auf energetischer und seelischer Ebene vereinigen können, um die erste goldenen Seelenkugel wieder zu bilden. Damit es zu dieser Seelenkugel kommt, ist es auch wichtig, dass wir unsere Seelenschwestern und Seelenbrüder treffen, denn auch mit ihnen tauschen wir Energien aus, die wichtig für unser Einssein und die Bildung unserer goldenen Seelenkugel sind. Diejenigen, die sich in diesem Leben nicht für eine Partnerschaft entscheiden, können sich mit der Seelenessenz ihrer Seelengruppe auf mehreren Ebenen so verbinden, dass sie wieder ganz werden und ebenfalls eine goldene Seelenkugel bilden, jedoch nimmt diese Seelenkugel eine grenzenlose Form an. Eine erneute Ebene zu unserer vollkommenen Einheit unserer ursprünglichen Seelenenergie zu betreten ist dann später nur noch in höheren Dimensionen und in anderen Energieformen möglich.

Seelenschwestern, Seelenbrüder

Seelenschwestern und -brüder haben eine sehr intensive Herzverbindung zueinander. Diese ist anhand der Liebe zu spüren, die von Herz zu Herz fließt. Es handelt sich hier nicht um die wahre Liebe zwischen zwei Seelenpartnern, aber um eine Liebe, die dieser sehr ähnlich ist, denn eine göttliche Vertrautheit und Geborgenheit spiegeln sich in der Beziehung zwischen Seelengeschwistern wider. Es können auch Verwandte aus dem jetzigen Leben sein, aber meistens sind es Menschen, die uns auf unserem Lebensweg, dem Weg unseres Herzens, begleiten. Auch für diese Beziehung gilt es, keine Erwartungen oder Forderungen an unsere Seelengeschwister zu stellen. Göttliche Freiheit und Liebe beinhalten bereits Treue und Verlässlichkeit, auch wenn sich diese manchmal anders abspielt, als wir es bisher aus der Dritten Dimension gewohnt waren.

Es ereignet sich viel auf der Seelenebene, denn Seelengeschwister unterstützen sich immer gegenseitig, und sie eilen um Hilfe, wenn sie von ihren Geschwistern gebraucht werden.

Besonders schnell funktioniert die Hilfe auf der Herz- und Seelenebene, denn Seelenschwestern und Seelenbrüder stammen aus denselben Seelengruppen. Sie sind sich deswegen auch sehr vertraut, und das Verstehen untereinander bedarf nicht vieler Worte. Auch wenn sie nicht in jedem inkarnierten Leben zueinander finden, ist das energetische Herzensband immerwährend und unzerstörbar. Die Rollen, die sie in den verschiedenen Leben eingenommen haben, intensivieren die Beziehung jedes Mal von Neuem. Dabei kann es durchaus vorkommen, dass sich zwei Seelengeschwister in einer Partnerschaft wiederfinden. Diese Partnerschaft ist jedoch keine Seelenpartnerschaft im Sinne der wahren Liebe der Fünften Dimension, sondern sie wird eher als Bruder-Schwester-Beziehung gelebt.

In früheren Leben lebten und arbeiteten die Seelengeschwister oft zusammen, und nicht selten übernahmen sie Rollen wie zum Beispiel Hohepriester, Senatoren oder andere hochrangige Ämter in alten Hochkulturen. Eine besonders enge Beziehung zwischen zwei Seelengeschwistern tritt auf, wenn sie sich in einem früheren oder jetzigen Leben als eineiige Zwillinge inkarniert haben. Diese Beziehung ist so besonders, weil sich das Herzensband verdoppelt hat. Verletzungen, Leid, aber auch Freude und Liebe potenzieren sich dadurch in ihrer Energie. Kaum waren und sind die Gefühle und Emotionen voneinander zu unterscheiden, da sie eins sind und waren.

Die Energien, die den Herzverbindungen bei Seelengeschwistern innewohnen, sind intensiver als bei denen zu anderen Mitmenschen. Jede Beziehung birgt ein individuelles Potenzial in sich. Seelengeschwister ergänzen sich in ihren Fähigkeiten und in ihrem Sein, und viele kraftvolle Verbindungen werden durch ein Wiedersehen auf der Erdenebene geschlossen. Diese sind besonders wichtig für den Aufstieg der Erde und ihrer Bewohner in die Fünfte

Dimension. Ihnen werden zum Wohl aller göttliche Aufträge gemeinsam übertragen, die sie zusammen erfüllen können. Eine Seelengeschwisterschaft muss nicht immer gleich eine intensive Freundschaft bedeuten. Die Seelengeschwister sind miteinander verbunden, ob sie sich nur einmal treffen, sporadisch Kontakt haben oder eine tiefe Freundschaft pflegen. Sie stammen aus derselben Seelengruppe.

„Normale" Geschwister der Erdebene können sowohl aus der gleichen Seelengruppe wie aus einer verwandten oder unbekannten Seelengruppe stammen. Ein Seelenbruder ist nicht automatisch ein Bruder aus früheren Leben, es kann zwar vorkommen, muss aber nicht. Es gibt unendlich viele Konstellationen der Seelengeschwister untereinander, das kann von Tochter-Mutter, Bruder-Schwester bis Freundin-Freundin gehen.

Haben Seelengeschwister auch eine intensive Verbindung auf Erden, dann spüren sie, wann es dem anderen gut oder schlecht geht. Sie nehmen wahr, was in dem anderen vorgeht, haben oft die gleichen Gedanken und Ideen. Es verbindet sie eine sehr starke Herzverbindung zueinander, die ihr Umfeld manchmal irritieren kann, da die gemeinsame Energie dieser Seelen eine sehr starke Ausstrahlung hat. Die Energien können sich so hoch schwingen, dass das Umfeld nicht mehr weiß, wie es darauf reagieren soll. Es kann auch vorkommen, dass sich andere dadurch angezogen oder sogar abgestoßen fühlen. Wird die Energie immer höher, besteht jetzt schon die Möglichkeit, dass beide nicht mehr von ihrem Umfeld wahrgenommen werden. Ist dies der Fall, bewegen sich die beiden Seelengeschwister bereits in die Fünfte Dimension. Diesen Moment sollten wir genießen und die Leichtigkeit, Freude und Kraft, die ihm innewohnen, in unserem Herzen bewahren, um dieses Gefühl immer wieder hervorholen zu können.

Botschaft von St. Germain

Seid gegrüßt, liebe Sternenkinder der Erde!

Zuerst möchte ich euch danken, dass ihr euch bereit erklärt habt, an der Transformation der Erde teilzunehmen. Dies ist ein göttlicher Vorgang, der von uns allen schon sehnsüchtig erwartet wurde, und es sollten so viele wie möglich an der Anhebung der Schwingung eures Planetens teilhaben. Ein Teil eurer Menschheit wird sich für einen anderen Weg entscheiden, doch letztendlich sind wir in den höchsten Ebenen alle miteinander verbunden.

Die Fünfte Dimension gibt euch nun die Chance, euch wieder mit dem Herzen zu verbinden, was in der alten Dimension der dritten Ebene nicht gegeben war. Es bestand kein Weg und auch keine Möglichkeit, euch in diesem Maße mit all eurem Sein auf Erden in dieser Intensität zu verbinden. Dieses neue Bewusstsein der göttlichen Liebe und eurer Herzen lässt die Kraft und die Macht eures Geistes und eures Seins stark ansteigen. Unmögliches kann wahr werden, Mögliches ist bereits um und in euch. Alle Herzenswünsche, die ihr schon so lange in euch tragt, werden nun mit der Neuen Energie der Fünften Dimension befreit und in die Welt hinaus gelassen, damit sie sich endlich erfüllen können.

Für viele ist nun die Zeit gekommen, dass sich ihre Träume realisieren. Jetzt ist der richtige Zeitpunkt gekommen, um damit zu beginnen, euer Leben nach euren Herzenswünschen auszurichten. Durch viele Prüfungen seid ihr gegangen, und oft habt ihr euch gefragt: „Warum?"

Aber es war wichtig für euch, um euer Herz von alten Lasten befreien zu können. Für einen Teil der Menschheit wird dieser Wunsch eines „neuen" Lebens im Licht des Seins leider nicht in Erfüllung gehen. Erst die neue Definition von Reichtum, Herzenswünschen und wahrer Liebe hilft zu erkennen, was wirklich wichtig in eurer derzeitigen Inkarnation ist. Alle Illusionen der Dritten Dimension müssen nun fallen, dann wird der Weg zur göttlichen Quelle sichtbar.

Viele Seelen werden durch andere unterstützt, gefördert und mitgezogen. Andere müssen ihren eigenen Weg gehen. Wir stammen alle aus der einen Lichtebene, aus der Ebene der göttlichen Quelle, und wir alle wollen wieder dorthin zurück. Die einen schneller, die anderen langsamer, jeder folgt seinem Seelenplan. Oft kann es in Form von Verzögerungen und unvergessenen Ereignissen und Einwirkungen zu Hindernissen kommen. Erst auf der Ebene der göttlichen Quelle sind wir wieder eins mit allem. Auf dem Weg dorthin hilft uns die Wiedervereinigung mit unseren Seelengeschwistern, und vor allem mit unseren Seelenpartnern.

Jeder, der sich für das Licht entschieden hat, wird auch in der Fünften Dimension seinem Seelenpartner begegnen und sich aus freiem Herzen für oder gegen eine gemeinsame Partnerschaft entscheiden können. Viele derzeitige Beziehungen und Partnerschaften befinden sich in den alten Strukturen der Dritten Dimension und basieren nicht auf der göttlichen Liebe. In dieser niedrigen Schwingung können sie nicht in der Neuen Energie, der Kristallenergie, bestehen. Alle Beziehungen, die nicht auf der göttlichen Liebe basieren, gehen auseinander.

Es ist nun eure Aufgabe, euch mit euch selbst, mit eurer Seele, mit eurem Höheren Selbst und der göttlichen Quelle zu verbinden, damit ihr in euch eins werdet. Je mehr ihr euch wieder mit euren Seelengeschwistern zusammenschließt und euch mit euren Seelenpartnern vereinigt, desto größer wird euer aller Bewusstsein. Versucht, in eurem Leben alles etwas leichter zu nehmen, und wehrt euch nicht gegen euren Lebensplan und eure göttliche Aufgabe hier auf Erden. Alles ist bereits jetzt gut und so, wie es ist, im göttlichen Plan vorgesehen. Glaubt und vertraut! Alles ist im Wandel.

In Liebe,
St. Germain, Meister der violetten Flamme

Mutter Maria

Das Herznetz der Kinder der Neuen Zeit

Kinder der Neuen Zeit sind Licht – und Verbindungspunkte im Herznetz der Fünften Dimension, denn ihre Herzen verbinden sich schon jetzt alle miteinander. Dieses Netz wurde von den ersten Indigokindern, den Elementarwesen und den Engeln aufgebaut. Bei ihrer Ankunft hier auf Erden wurden und werden die Kinder der Neuen Zeit sofort an dieses Herznetz angeschlossen. So entstand vor vielen Jahren ein vollkommenes Lichtnetz über die gesamte Erde. Nach und nach konnten sich auch Kinder und Jugendliche, die nicht die neuen Kristall- und Indigoenergien in sich hatten, an diese Vernetzung andocken, vorausgesetzt, sie hatten ein reines Herz und zeugten von einer hohen Eigenschwingung, was heute leider selten geworden ist.

Die Kinder und Jugendlichen, die sich an das Herznetz angeschlossen haben, leuchten wie goldene Kristalle in diesem wunderschönen Netz. Sie unterstützen sich gegenseitig, indem sie sich Energien, Farben, Ideen und Wissen über ihre Herzverbindungen schicken. Fühlt sich ein Kind schlecht, werden ihm automatisch Liebe oder andere Energien, die es benötigt, zugesandt. Dieses besondere Netz der Fünften Dimension wird mit jedem neuen Zugang eines Kindes der Neuen Zeit erweitert. Auch Lichtarbeiter, Lichtboten, Lehrer der Neuen Energie, Kristalltransformer und alle mit hoher Eigenschwingung und reinem Herzen können sich ihm anschließen. Es wird von den Elementarwesen und Engeln immer wieder genährt, gestärkt und im Bedarfsfall repariert. Um ihnen bei ihrer Arbeit zu helfen, können wir ihnen unsere Herzensliebe schicken.

Die Elementarwesen, die für das Herznetz der Kinder verantwortlich sind, sind extra dafür inkarnierte Zwerge, Elfen, Feen und Devas. Sie haben sich für diese Aufgabe bereit erklärt, lieben Kinder und die Natur und freuen sich ganz besonders, dieser Arbeit nachgehen zu dürfen. Ihre Liebe zu den Kindern rührt daher, dass alle diese Kinder ein reines Herz haben. Zudem besitzen fast alle die Fähigkeit, die Licht- und Naturwesen zu sehen und mit ihnen zu kommunizieren. Die Elementarwesen fühlen sich von den Kindern ernst genommen und in ihrem SEIN geachtet. Diese Achtung, Ehrlichkeit und reine Herzensliebe stärkt die lichtvollen Wesen in ihrer Arbeit an dem Herznetz der Kinder.

Neue helfende Energieformen

Inzwischen sind neue Energien hinzugekommen, die beim Aufbau und bei der Intensivierung des Kinder-Herznetzes helfen. Diese neuen Energien stammen aus der Achten und teilweise Zehnten Dimension und konnten erst ab einer bestimmten Erdschwingung in unsere Dimension eintreten. Sie sehen aus wie bunte Nebel, die sich ständig in ihrer Form verändern, und sind eine Art Engelwesen aus anderen Sternenwelten. Sie „fliegen" dorthin, wo sie das Netz noch verstärken und vor allem schützen können, und passen auf, dass sich keine ungebetenen Gäste einnisten.

Auch wenn die Schwingung des Herznetzes der Kinder im Allgemeinen zu hoch für Angriffe in Form von Besetzungen ist, kann es sein, dass einige Kinder durch Traumata, Missbrauch, Misshandlungen und Mobbing in der Schule oder andere schreckliche Erlebnisse in ihrer Energie absinken. Das Netz biegt sich dann an dem Lichtpunkt, dem goldenen Kristall, nach unten, verdunkelt sich und verliert nach einiger Zeit seine goldene Farbe. Dieser Bereich bewegt sich dann immer mehr auf die Dritte Dimension zu, womit automatisch Fremdenergien Zugang zu diesem Netz finden können.

Es gibt leider noch viele Menschen, die Herr über die Kräfte der Kinder und Jugendlichen werden möchten und solche Situationen ausnutzen, um diese für ihre eigennützigen Absichten zu missbrauchen. Die neuen Engelwesen der Achten und Zehnten Dimension verhindern einen länger währenden Aufenthalt der Fremdbesetzungen und senden diese entweder an den Absender zurück, oder zur Transformation ins Licht. Sinken die Energien eines Kindes zu stark ab und kann ihm in einem bestimmten Zeitraum nicht geholfen werden, stellt es eine große Bedrohung für das gesamte Netz dar. Die Kinderseele weiß jedoch um diese Gefahr und koppelt sich selbst von dem Herznetz ab, um dieses nicht länger zu gefährden. Es handelt zum Wohle aller und des großen Ganzen und wird trotzdem weiterhin von den anderen Kindern über ihre Herzbindungen versorgt, wenn auch nur durch eine dünne Verbindung von Herz zu Herz, die sich außerhalb des Herznetzes befindet. Hebt sich seine Schwingung später wieder, wird es sofort wieder an das Herznetz angeschlossen. Die Kinder der Neuen Zeit wissen um die diffizile Situation, in der sich die Erde und ihre Bewohner befinden und tun alles dafür, um sie in ihrem Aufstiegsprozess zu unterstützen und auch ihr eigenes Kinder-Herznetz zu schützen.

"Normale" Kinder und Jugendliche

Alle „normalen" Kinder und Jugendliche, vorausgesetzt, sie haben eine hohe Eigenschwingung erreicht und leben aus reinem Herzen, können sich an das Herznetz der Kinder der Neuen Zeit anschließen, doch viele Kinder sind noch zu sehr in alten Strukturen verwoben und tragen alte Blockaden aus dem letzten Leben in sich, die sie erst noch auflösen müssen. Oft sind es Seelen, die es nicht mehr geschafft haben, ihre Lebensaufgabe im vorherigen Leben zu erfüllen, doch nun haben sie eine erneute Chance erhalten, dieses zu tun.

Die Kinder der Neuen Zeit hingegen besitzen kein Karma mehr. Sie haben sich alleine für die Aufgabe, eine neue Welt zu erschaffen, hier auf Erden inkarniert, denn sie wollten bei diesem besonderen und einzigartigen Ereignis dabei sein. Sie kommen mit einer reinen göttlichen

Freude auf die Welt, um der Erde und ihren Bewohnern zu helfen. Leider geraten sie oft in Situationen, die sie mit der alten, noch vorherrschenden Welt konfrontieren und so in große Schwierigkeiten bringen. Helfen wir den Kindern, dann helfen wir uns!

Zwei Herznetze

Es gibt zwei Herznetze, das der Kinder und das der Erwachsenen. Das Kinder-Herznetz ist von seiner Schwingung höher als das der Erwachsenen. Einige Erwachsene haben bereits jetzt schon eine sehr hohe Eigenschwingung erreicht, sodass sie sich auch an das Herznetz der Kinder anschließen können. Sie sind sozusagen Verbindungspunkte zwischen den beiden Ebenen der Herznetze. Hat das Herznetz der Erwachsenen die Frequenz des Herznetzes der Kinder erreicht, fließen beide Netze zu einem zusammen. Es bildet sich eine goldene warme Energie, die sich wie eine dünne Schicht über die ganze Erde in der Höhe des Herzens zieht. Sie wird mit der Zeit immer dicker, je mehr wir uns auf die Fünfte Dimension einlassen und nach ihren Regeln und Gesetzen leben. Diese Schicht bietet göttlichen Schutz vor nicht gewünschten Eindringlingen und Fremdenergien. Sie verbindet uns immerwährend mit unseren Herzen und wir werden später auf dieser hohen Schwingung EINS. In dieser neuen goldenen Energie unterstützen, fördern und helfen wir uns gegenseitig. Ein Paradies auf Erden wird somit geschaffen.

Die „kleinen" Lichtarbeiter – Transformatoren ihrer Mitmenschen

Kinder sind kleine, aber immens starke Transformatoren für das Leid der Erwachsenen, der Tiere und Pflanzen. Sie möchten immer, dass es allen gut geht. Besonders aber kümmern sie sich um ihre Familie, Verwandte und Freunde. Sobald Differenzen oder Probleme auftauchen, nehmen sie diese aus Liebe auf sich und versuchen, sie in Liebe umzuwandeln. In Bezug auf eventuelle Probleme der Eltern ist dieses Verhalten bei allen Kindern dieser Welt zu beobachten. Nur die Kinder der Neuen Zeit können dieses Leid auch in Licht und Liebe transformieren, vorausgesetzt sie haben genügend Zeit dazu. Gerade die Kristallkinder besitzen heilerische Fähigkeiten und wandeln mit ihrem bloßen DASEIN Leid in Liebe um, was oft bei Freunden, Spielkameraden oder bei anderen Kindern, wie zum Beispiel im Kindergarten oder in der Schule, zu beobachten ist. Durch ihre Energien, durch ihr Sein, strömen sie wie die Lichtboten göttliche Liebe zu ihrem Gegenüber und hüllen ihn es heilender Energie ein.

Kinder haben im Allgemeinen noch nicht so schwerwiegende Probleme und Blockaden wie die Erwachsenen und können auf Grund dessen schneller geheilt werden. Bei Erwachsenen gestaltet sich das Ganze etwas schwieriger, da die Probleme aus starren festen Strukturen bestehen und die „Älteren" oft nicht gewillt sind, diese freiwillig loszulassen. Also nehmen die Kinder, besonders von ihren Eltern, energetisch alles auf, um diese zu entlasten und ihnen wieder Freude in ihr Leben zu bringen. Mit dieser Übernahme der „fremden" Energien können sie die Probleme anderer in Licht und Liebe umwandeln, denn es ist eine ihrer Gaben, und es liegt in ihrer Natur, dieses für ihre Mitmenschen zu tun. Für diese Transformation benötigen sie jedoch viel Zeit. Haben sie diese nicht, wird das Leid auf den Schultern immer größer, und es entwickeln sich seelische wie körperliche Beschwerden, da sie nicht die Fähigkeit haben, die Ursache der Probleme zu heilen, wodurch sie immer wieder die gleichen Energien ihrer Mitmenschen aufnehmen. Ihr größter Wunsch ist es, wie der von allen Kindern, dass es ihren Eltern gut geht und sie in Liebe, Frieden und Freude mit ihrer Familie zusammenleben können.

Oft versuchen sie, auch im „realen" Leben einzugreifen und zu helfen, wenn die energetische Hilfe nicht mehr ausreicht. Wir können dankbar sein für diese göttliche Gabe, jedoch ist es nicht ihre eigentliche Aufgabe hier auf Erden, die Lebens- und Transformationsaufgaben der Erwachsenen in die Hand zu nehmen und zu lösen. Wenn wir bemerken sollten, dass Kinder für uns arbeiten, gerade innerhalb der Familie, sollten wir bewusst die Probleme, die sich das Kind von uns aufgeladen hat, zurücknehmen und ihm für seine Hilfe danken. So machen wir es dem Kind um einiges leichter, und haben die Verantwortung für unser Leben wieder selbst in die Hand genommen. Um die Auflösung unserer Probleme und Blockaden sollten wir immer selbst Sorge tragen, denn das Kind hat eine andere göttliche Aufgabe in seinem Leben. Da der Prozess des

Auf-sich-Ladens von „erwachsenen" Problemen so energetisch hoch und fein abläuft, kann es sein, dass wir diesen Vorgang nicht sofort bemerken. Deswegen sollten wir achtsam und vor allem aufmerksam durchs Leben gehen, damit die Kinder der Neuen Zeit nicht fremdbelastet werden und ihrer wahren göttlichen Aufgabe nachkommen können.

Fähigkeiten der „kleinen" Lichtarbeiter

Die Kinder der Neuen Zeit haben bereits das volle Potenzial in sich, wenn sie geboren werden. Das haben ihre Mitmenschen auch, nur mit dem Unterschied, dass sie ihr Potenzial noch erschließen müssen. Die Kinder der Neuen Zeit können gleich aus den Vollen schöpfen und ihren göttlichen Auftrag auf Erden nachgehen, vorausgesetzt, sie werden von außen nicht daran gehindert. Zu ihren spirituellen individuellen Gaben kommen noch die „normalen" Fähigkeiten, die alle Kinder der Neuen Zeit in sich tragen, hinzu.

Hier einige „normale" Fähigkeiten

* Sie erhellen die Gemüter.
* Sie erwecken das Innere Kind bei den Erwachsenen und teilweise bei den Jugendlichen.
* Sie spiegeln die Innenwelt der Menschen exakt wider, besonders die ihrer Eltern.

- Sie sehen die Welt mit anderen Augen und mit einer gewissen göttlichen Neugier.
- Ihre Augen sind gefüllt mit göttlicher Leichtigkeit, Kraft, Weisheit, und Liebe.
- Sie sprechen die Wahrheit.
- Sie richten ihren Blick auf die wesentlichen Dinge des Lebens.
- Sie erkennen den wahren Sinn in jedem Augenblick, denn sie haben die Fähigkeit, im Hier und Jetzt zu leben.
- Sie sehen mit ihrem Herzen.
- Ihre Aura, ihre Energien und ihre Herzstrahlen transformieren ihre Umwelt.
- Sie können telepathisch mit Tieren und Menschen sprechen.
- Sie kommunizieren mit Engeln und Elementarwesen.
- Sie sind hellsichtig.

Wenn die Kinder in ihrem Sein und in ihren neuen Energien von ihrem Umfeld, besonders aber von ihren Eltern unterdrückt und nicht darin gefördert werden, kommen auch diese „normalen" spirituellen Fähigkeiten kaum zum Tragen oder erst gar nicht zum Vorschein.

Herzstrahlen der Kinder und ihre Auswirkung auf die Umwelt

Die Herzstrahlen der Kinder haben eine immens starke und eine kaum vorstellbare transformierende Wirkung auf ihre Umwelt. Gerade in den ersten zwei Lebenswochen tragen sie eine einhundertprozentige sichtbare Göttlichkeit in sich, die sich in ihrer Ausstrahlung erkennen lässt. Ihre Energie ist so hoch, dass sie viele Verletzungen in den Herzen, die sie im Arm halten dürfen, heilt, denn ihre noch bestehende Verbindung zur Lichtebene ist regelrecht spürbar. Diese Ausstrahlung verändert sich mit zunehmendem Alter. Ihre Herzstrahlen bleiben genauso stark wie kurz nach der Geburt, aber die einzigartige Kraft, die aus der unmittelbaren Verbindung zur göttlichen Quelle entstanden ist, nimmt ab. Die Voraussetzung für starke Herzstrahlen ist ein positives Umfeld, das sich liebevoll um die Kinder kümmert und sie in ihrem einzigartigen Sein unterstützt und fördert.

Die Herzstrahlen eines jeden Kindes sind besonders und haben eine individuelle spirituelle Wirkung auf ihre Mitmenschen. Zudem bergen sie die neue Kristallenergie bereits in sich und können daher eine höhere transformatorische Wirkung auf ihre Umwelt erzielen. Sie schwingen höher, und ihre Herzstrahlen sind sehr fein, direkt und kraftvoll, was man im ersten Moment nicht von ihnen erwarten würde. Diese göttlichen Strahlen treffen genau in das Herz der Menschen, sofern dieses nicht von Schutzmauern umgeben ist. Es können Mauern eingerissen, Verletzungen geheilt, Dunkelheit erhellt und die Herzensflamme entfacht werden, um nur einige Auswirkungen ihrer Herzstrahlen zu nennen. Sind ihre Mitmenschen offen für Veränderung, können sie diese heilenden Strahlen dankbar empfangen und Heilung geschehen lassen. Herzen werden geöffnet, und die Liebe kann wieder frei fließen.

Ego-Spiele der Erwachsenen und ihre Gefahren

Früh erkennen die Kinder, was für eine Rolle das Ego in ihrer neuen Welt spielt. Sie beobachten ihre Eltern, Geschwister und Mitmenschen, wie diese ihre Rolle des Egos spielen und perfekt ausfüllen. Da sie unter einem sehr großen Einfluss ihres Umfelds stehen, übernehmen sie sehr schnell diese für sie neuen Verhaltensweisen, weil sie keinen anderen Anhaltspunkt haben, wie sie sich sonst auf dieser neuen Welt verhalten sollen.

Leben die Eltern bereits seit der Geburt des Kindes bewusst aus ihrem Herzen und versuchen, sich nicht mehr mit ihrem EGO zu identifizieren, ergibt sich eine neue Situation, die optimal für das Heranwachsen eines Kindes der Alten und der Neuen Zeit ist. Leben die Eltern jedoch immer noch in ihren alten Egostrukturen und Programmen, beeinflusst das ihre Kinder sehr stark. Übernehmen die Kinder diese Verhaltensweisen, wird die Intensität ihrer Herzstrahlen weniger, denn Egoenergien können die Herzstrahlen der Kinder überdecken. Das lichte Herz wird dunkler, die Strahlen verblassen. Dieses kann durch die Nachahmung beziehungsweise das vollkommene Übernehmen des Verhaltens der Erwachsenen geschehen, oder durch immer wiederkehrenden Druck von Eltern und Lehrern, der auf die Kinder ausgeübt wird.

Zum Glück haben viele Kinder der Neuen Zeit einen sehr starken Willen und ein gutes Durchsetzungsvermögen, um ihr inneres Licht zu schützen. Jedoch gibt es viele, meistens Kristallkinder, die zu zart sind, um sich gegen diese starken Einflüsse zu wehren, ihren Unmut darüber zu äußern und ihren eigenen Willen kundzutun.

Es wäre schön, wenn wir unseren Kindern noch mehr Wahrnehmung, Einfühlungsvermögen und Feingefühl entgegenbringen könnten. Sie brauchen eine neue Struktur, in der sie sich wohl und geborgen fühlen, um sich zu entfalten. Machen wir uns noch mehr Gedanken und beziehen die Wünsche der Kinder mit ein, um eine neue Welt mit ihren und unseren Vorstellungen zu schaffen.

Herzverbindung in der Schwangerschaft

Herzverbindungen zwischen dem Ungeborenen und der Mutter entstehen lange vor der Empfängnis. Die Seele des Ungeborenen prüft erst, ob eine „alte" Herzverbindung gegeben ist, oder ob eine neue geschlossen werden muss.

Auf der seelischen Ebene nimmt sie Kontakt zu der Seele der Mutter und der des Vaters auf, und alle Beteiligten fangen an, miteinander „zu verhandeln". Sind sie sich über das zukünftige gemeinsame Leben einig, energetisieren sie ihre Herzverbindung oder bauen eine komplett neue Verbindung zueinander auf.

Oft besteht schon vor dem ersten Kontakt eine alte Verbindung von Herz zu Herz, da die Seelen aus gleichen oder verwandten Seelengruppe stammen und sich gegenseitig bei ihrer Seelenentwicklung unterstützen. Durch die Verhandlung über das zukünftige gemeinsame Leben wird diese Herzverbindung geerdet beziehungsweise auf die energetische Erdebene gebracht.

Das Außergewöhnliche daran ist, dass die Väter vor der Schwangerschaft auf der Seelenebene eine intensivere Verbindung zu ihrem Kind haben als die Mütter, was sich jedoch bereits während der Schwangerschaft ändert. Deshalb ist es so wichtig, dass die Väter sich gerade in der Zeit der Schwangerschaft regelmäßig mit dem Herzen und der Seele des Kindes verbinden und Liebe senden, um diese starke Verbindung aufrechtzuerhalten. Würden alle Väter das tun, würde es den meisten nicht so schwer fallen, nach der Geburt des Kindes eine innige Verbindung zu ihm zu empfinden und aufzubauen.

Die Seele des Kindes steigt, je näher die Empfängnis kommt, hinab in die Erdebene, in den Körper der Mutter. Schon lange vor der Befruchtung befindet sich die Seele in der Nähe der Eltern. Steht die Empfängnis kurz bevor, befindet sich die Seelenenergie bereits im mütterlichen Unterleib. Verschmelzen die Energien des Vaters und der Mutter in der Eizelle, wird das Tor für die Seele des Kindes geöffnet. So wäre der eigentliche göttliche Vorgang und auch der optimale, der momentan auf unserer Erde möglich ist. So würde die bestmögliche Basis für das Kind geschaffen. Dies geschieht aber nur, wenn sich die Mutter vor der Schwangerschaft bewusst mit dem Kind verbunden hat und sich mit dem neuen Leben, das sie in sich tragen wird, einverstanden erklärt hat. Alles wurde dafür schon lange auf energetischer und seelischer Ebene vorbereitet, und eine bewusste Vorbereitung auf Erden von Mutter und Vater wäre von großem Vorteil.

Ist die Seele des Kindes mit der Eizelle beziehungsweise dem wachsenden Fötus verschmolzen, hat es nun in der Schwangerschaft Zeit, sich auf das Erdenleben einzustimmen. Nun kann die Herzverbindung noch einmal auf dieser neuen Ebene verstärkt werden. Doch braucht es auch noch Wochen nach der Geburt, um sich in der neuen Welt zurechtzufinden und auf der Erdenebene anzukommen. Je nachdem, welche Seelenfarben und welches Potenzial Mutter und Kind in sich tragen, gestaltet sich ihre Herzverbindung zueinander individuell, wie auch das Zusammenleben in einem Körper. Diese Verbindung ist göttlich und derzeit einzigartig auf Erden und kann auf keine andere Weise zustandekommen.

Die Phase der Schwangerschaft ist deswegen so außergewöhnlich, weil das Kind während dieser Zeit noch eine aktive und direkte Verbindung zur Lichtebene hat. Die Seele des Kindes passt sich nun langsam der Schwingung der Erde an, und so trägt es die ganze Zeit der Schwangerschaft die Energie der göttlichen Quelle in sich, was später nach der Geburt noch deutlich zu spüren ist. Jedoch hat sich dann die Seele aus der Lichtebene hinausbegeben, um auf Erden ihrer göttlichen Aufgabe nachzukommen. Die starke Verbindung zur Lichtebene und göttlichen Quelle bleibt noch einige Zeit nach der Geburt bestehen und verschwindet dann teilweise oder ganz, je nachdem, welchen Einflüssen die Neugeborenen ausgesetzt sind.

Diese intensive und direkte Verbindung zwischen der Lichtebene und der Erde während der Schwangerschaft ist einzigartig und spielt sich komplett im Körper der Mutter ab. Alle Energieschichten der Aura, die Energiezentren und die Seele der Mutter werden von der Seelenenergie des Ungeborenen und seiner aktiven und direkten Verbindung zur Lichtebene beeinflusst. Die Herzverbindung zwischen den beiden sieht nicht wie eine Art Strahl von Herz zu Herz aus wie bei anderen Menschen, sondern beide Herzensenergien vereinigen sich zu einer gemeinsamen hoch schwingenden Energieform, die dann wie eine große Energiekugel die Mutter und somit auch das Kind umhüllt. Die Aura der Mutter vergrößert sich und ist symbolisch gesehen, nur noch ein großes Herz, gefüllt mit reiner Herzensliebe von Mutter und Kind. Dadurch entwickelt sich eine immense Kraft, die von der Mutter und dem Vater kreativ gelebt und schöpferisch genutzt werden kann. Eine Zusammenarbeit und die vollkommene Hingabe der Mutter sind nun gefragt, denn dann ist alles möglich, alle Wunder werden nun in das Leben dieser drei eingeladen. Je weniger sich die werdende Mutter gegen diese neuen Umstände wehrt, desto weniger Beschwerden erfährt sie in dieser Zeit, und desto mehr Wunder können geschehen. Gerade die Lichtkinder, die Kinder der Neuen Zeit, können in dieser besonderen Zeit sehr viel bewirken.

Gute Herzverbindung – Basis für das spätere Leben

In der Zeit der Schwangerschaft wird die Basis für die spätere Bindung zur Mutter und für das zukünftige Leben des Kindes gelegt. Beschäftigt sich die Mutter im positiven Sinn intensiv mit dem Kind, wird es dadurch gestärkt, geliebt und angenommen. In dieser besonderen Zeit sind beide Seelen auf allen Ebenen miteinander eins, eine kosmische Einheit wird geschlossen. Die werdende Mutter hat nun die Möglichkeit, diese kosmischen Energien für sich und ihre Transformation zu nutzen. Sie hat in dieser

Zeit, wenn sie beide Seelenenergien in sich zulässt und es auch noch genießt, eine sehr kraftvolle Ausstrahlung. Diese immens starke Aura kann für viele Dinge positiv genutzt werden: Meditationen, Visualisierung, Selbstheilung und vieles mehr. Aber in erster Linie wurde diese starke Verbindung dafür geschaffen, auf die Wünsche des Kindes einzugehen. Wenn die Mutter sensitiv genug ist, und das ist sie mit Sicherheit in der Schwangerschaft, denn die Hormone werden unter anderem dafür ausgeschüttet, kann sie genau fühlen, sehen und wissen, was ihr kleiner Engel benötigt.

Schon in der Schwangerschaft wird von der Mutter gefordert, hundertprozentig auf das Kind einzugehen beziehungsweise sich ihm hinzugeben. Leider leben viele werdende Mütter ihren Alltag genauso weiter wie vor der Schwangerschaft. Vieles wäre später leichter für das Kind, aber auch die Beziehung zwischen Mutter und Kind würde in dieser Zeit für später gestärkt werden. Von der ersten Sekunde der Empfängnis an verändert sich das Leben der Eltern, besonders aber das der Mutter, um 180 Grad, nicht erst nach der Geburt. Ist das den werdenden Eltern klar, können sie bewusst diesen neuen Abschnitt in ihrem und dem Leben ihres Kindes annehmen und darauf eingehen, um das Beste daraus zu machen. Sie haben schließlich vorher ihr Einverständnis für diese neue Aufgabe gegeben.

In vielen Fällen fährt die Seele erst später in den Fötus, wenn die Umstände auf Erden zu der Zeit noch nicht geklärt oder die Schwangerschaft eine totale Überraschung war. Doch ist die Mutter sehr sensitiv, wird sie von Anfang an merken, dass neues Leben in ihr entsteht, und die Seele kann früher zu ihr kommen.

Stärkung der Herzverbindung zwischen Mutter und Kind während der Schwangerschaft

- Regelmäßiges Spüren der Herzverbindung.
- Liebe senden.
- Verstärkte Aufmerksamkeit für das Ungeborene.
- Wahrnehmen und Eingehen auf die Wünsche des Kindes.
- Vermeiden von negativen Energien, wie zum Beispiel Veranstaltungen mit vielen Menschen.
- Emotionen, wie zum Beispiel Streit, Zweifel und Ängste.
- Vermeiden von niedrig schwingender Musik, Filme und Fernsehsendungen.
- Essen von hochwertiger Nahrung. Vorheriges Segnen ist wichtig!
- Hoch schwingende Musik, am besten selbst summen oder singen.
- Mit dem Kind so früh wie möglich anfangen zu kommunizieren.
- Liebevolle Verbindung zu sich selbst.
- Liebevolle Verbindung zu dem Vater des Kindes.
- Das Kind vollkommen annehmen.

- Vertrauen, Geborgenheit, Freude und andere schöne Gefühle zur Seele des Kindes senden.

Stärkung der Herzverbindung zwischen Vater und Kind während der Schwangerschaft

- Regelmäßiges bewusstes Verbinden mit der Seele des Kindes.
- Liebe, Geborgenheit und Vertrauen senden.
- Vollkommene Annahme des Kindes.
- Eingehen auf die Wünsche des Kindes, wenn der Vater sie wahrnehmen kann.
- Vermehrte Aufmerksamkeit für die Mutter des Kindes.
- Eingehen auf die Wünsche der Mutter.
- Die Mutter schützen und für sie sorgen.

Diese Basispakete sind sehr wichtig für den weiteren Lebensweg der Kinder, besonders aber für die Lichtkinder, die eine große Aufgabe im Transformationsprozess der Erde und der Menschheit übernommen haben. In der Zeit der Schwangerschaft sind die Ursprungsenergien und Rollen der Eltern sehr stark ausgeprägt, das heißt, die einhundertprozentige Weiblichkeit bei der Frau und die einhundertprozentige Männlichkeit beim Mann. Wenn beide diese Energien zulassen, wird es eine unvergessene Zeit als Paar und werdende Eltern. Nach und nach werden wir immer mehr diese Erkenntnisse in unserem Leben umsetzen können, um unseren Kindern ein harmonischeres und liebevolleres Leben bieten zu können.

Leider

Leider gibt es zu oft Fälle, in denen die Eltern oder ein Elternteil sich später doch noch gegen das Kind entscheiden, auch wenn es bereits geboren ist. Auch kommt es vor, dass sich die Eltern nicht an die Abmachungen, die vorher auf Seelenebene mit dem Kind getroffen wurden, halten, wodurch oft familiäre Schwierigkeiten entstehen. Leider verliert in so einem Fall immer das Kind. Dieses zeigt sich dann auf seelischer und körperlicher Ebene, im schlimmsten Fall in einer schweren Erkrankung. Segnen wir diese Kinder und senden ihnen viel Kraft, Licht und Liebe, damit sie diese Phase in ihrem Leben gut überstehen und nicht den Mut verlieren, weiter ihren göttlichen Weg auf Erden zu gehen. Denn wir brauchen sie dringend!

Botschaft von Mutter Maria

Liebe Menschenkinder,

wie seid ihr doch in eurer Seele gleich! Die Göttlichkeit, die Reinheit und die Liebe sind die Urenergien, die euch immer weiter in euren Inkarnationen tragen. Wie Kinder, die immer Lust auf neue Abenteuer haben. Doch in den vergangenen Jahrhunderten habt ihr es verlernt, die Kindlichkeit in euch zu bewahren. Nur in den ersten Lebensjahren konntet ihr die Verbindung zu uns und zur göttlichen Quelle halten. Warum habt ihr es verlernt, aus reinem Herzen zu leben, um offen für neue Erlebnisse zu sein? Die besten Vorbilder sind unentwegt um euch: eure Kinder! Sie sind die Träger des Lichts der Fünften Dimension, sie **sind** *die Dimension! Sie lassen ihr diamantenes Herz erstrahlen. Ihre Liebe und göttliche Kraft sind so intensiv, dass viele Menschen es nicht ertragen, von ihnen erleuchtet zu werden. Diese wundervollen Kinder tragen bereits die Lösung für eure Probleme in sich, sie kennen die Weisheit der Herzen, sie tragen die göttlichen Botschaften.*

Zum Glück erkennen immer mehr Seelen, was für Schätze in ihrer Familie leben. Haltet ein, werdet still und lauscht auf die Botschaften der Kinder. Viele Seelen haben sich dafür entschieden, der Welt bei ihrem Aufstieg in die Fünfte Dimension zu helfen. Diese besonderen Kinder tragen die Neue Energie, die Kristallenergie, bereits in sich. Lasst sie in euer Herz! Jedes Kind hat göttliche Fähigkeiten, die es gilt zu ergründen und zu fördern. Wa-

rum werden diese Kinder vergessen, die so viel Liebe ausstrahlen? Nehmt sie in euer Herz und gebt ihnen die Liebe, die sie brauchen. Sie helfen euch, neue Formen des Zusammenlebens zu finden. Zarte kräftige Strahlen erstrahlen aus ihren Herzen. Jedes Kind hat eine individuelle Farbe, die es in göttlichem Glanz erleuchten lassen kann. Die Kraft, die jedem Kind innewohnt, ist noch lange nicht zur vollen Größe angewachsen. Fördert sie in ihrem Sein, unterstützt ihre einmaligen Gaben, sendet ihnen so viel Liebe, wie ihr könnt, denn sie sind eure Zukunft. Sie können nie zu viel Liebe empfangen. Überschüssige Liebe wird an die Kinder im Kinderherznetz weitergeleitet.

Wenn die zarten Seelen das Licht der Welt erblicken, werden sie meistens mit der harten Realität der Dritten Dimension konfrontiert. Versucht, dieses zu ändern, tretet dafür ein, dass sich die Umstände ändern. Sie kommen aus einer lichtvollen Welt mit unendlicher Liebe, sie brauchen einen würdigen Empfang auf dieser Welt. Sie sind eure Retter, also heißt sie herzlich und mit Liebe willkommen. Kümmert euch darum, dass harmonischere Wege für eine Geburt gefunden werden. Beziehet alle Faktoren und Ebenen mit ein. Setzt Farben, Licht, Energien, Wärme und alternative Heilmittel ein. Sucht euch Hebammen eures Herzens, sie können wahre Lichthelfer sein. Alle Hebammen, die aus ihrem Herzen arbeiten, haben einen Seelenanteil von mir in sich. Sie kennen die Reinheit des Herzens, die ich euch sende.

Liebe werdende Mütter, steht zu euren Gefühlen und unterdrückt sie nicht. Besser, sie zu leben, als sie wegzu-

drücken, denn die ungelebten Gefühle verursachen einen Energiestau bei dem Ungeborenen. Die unterdrückten Emotionen werden automatisch aufs Kind übertragen. Versucht, eure Ängste während der Schwangerschaft und vor der Geburt anzunehmen und zu heilen. Jede Regung, jedes Gefühl nimmt euer Kind wahr. Alles, was euch umgibt, beeinflusst es. Achtet darauf, dass ihr euch mit harmonischen und liebevollen Energien und Menschen umgebt. Baut eine intensive Herzverbindung zu eurem Kind auf. Vermittelt ihm Geborgenheit, Vertrauen und Liebe. Euer Kind wird es euch mit dem Herzen danken! Freut euch auf die Geburt, denn es ist eines der göttlichsten Ereignisse auf Erden. Schreit eure Schmerzen heraus, haltet eure Empfindungen nicht zurück. Die Zeit der Unterdrückung ist vorbei. Wehrt euch nicht gegen den Schmerz, versucht, ihn anzunehmen und ihm Raum zu geben, sonst verstärkt er sich nur. Vertraut!

Ruft mich, wenn ihr Hilfe aus der Lichtebene benötigt, ruft alle Lichtwesen, die euch helfen sollen. Scheut euch nicht, diese göttliche Hilfe jederzeit anzufordern und anzunehmen. Wir sind da. Wir freuen uns hier alle, wenn neue lichtvolle Seelen in eure Welt geboren werden, denn sie tragen die Herzensliebe bereits in sich und lassen sie grenzenlos erstrahlen. Nehmt dieses Geschenk mit Demut an und traut euch, von euren Kindern erleuchtet zu werden. Wir lieben euch iunermesslich!

Mutter Maria

Priesterin Lady Diamond aus Avalon
Energetische Partnerschaft

In der Fünften Dimension gibt es eine neue Form der Partnerschaft: die energetische Seelenpartnerschaft. Es handelt sich nicht um eine illusionäre Wunschtraum-Beziehung, sondern um eine Partnerschaft, die auf energetischer Ebene im Hier und Jetzt gelebt wird. Zwei Seelen haben sich dazu entschlossen, diese Art der Partnerschaft einzugehen, sich zu lieben, zu schützen und zu unterstützen.

Gründe, auf diese Weise die göttliche Liebe zu leben, sind

* Die beiden Seelen haben sich im realen Leben noch nicht kennengelernt.
* Die beiden Seelen sind im Moment noch nicht bereit dafür, eine reale Beziehung auf Erden einzugehen und zu leben.
* Die derzeitigen Lebensumstände sind noch nicht gegeben, eine „richtige „ Beziehung/Partnerschaft zu führen.
* Die beiden Seelen haben sich dazu entschlossen, nur auf Seelenebene eine Partnerschaft einzugehen

Damit sie trotzdem außer der Norm ihre Liebe frei fließen lassen können, haben sie sich erst einmal für diese neue Form des Zusammenseins entschieden. Es ist sozusagen die erste Phase, die einer wahren Seelenpartnerschaft auf der Erdebene vorausgeht, wobei es in der gegenwärtigen Verbindung nicht wichtig ist, ob die Partner bald zusammenkommen. Wahre Liebe überdauert alles. Letztendlich werden diese Seelen in der Fünften Dimension durch ihre gegenseitige Anziehungskraft zusammenfinden. Ob sie dann wirklich eine Partnerschaft auf Erdenebene eingehen, bleibt ihnen überlassen.

Für diese neue Form von Partnerschaft muss einer der Partner eine sehr hohe Schwingung und eine höhere Bewusstseinsebene bereits erreicht haben, das heißt, er hat sich bewusst mit sich auseinandergesetzt, an sich gearbeitet und seine Blockaden im Herzen transformiert. Erreicht man eine höhere Ebene, verstärkt sich die Wahrnehmungsfähigkeit, und die andere Seeleenergie ist spürbar. Besonders die Herzverbindung wird bei einer energetischen Partnerschaft sehr stark empfunden. Egal, wie weit der andere Partner entfernt ist, die Liebe hat so eine starke Bindung, dass sie immer gefühlt werden kann. Die Herzverbindung sieht aus wie ein rosa-goldfarbener Lichtstrahl, gefüllt mit göttlicher, reiner Liebe. Wir werden immer mit Liebe versorgt und können immer Liebe senden. Damit eine energetische Partnerschaft auch auf der Erdenebene gelebt werden kann, wäre es von Vorteil, wenn sich beide auf derselben Entwicklungs- und Bewusstseinstufe befinden würden.

Seelen, die eine energetische Partnerschaft eingehen, entspringen einer gemeinsamen Ursprungsseele ihrer

Seelengruppe. Alle Seelen in dieser Gruppe haben dasselbe Schwingungsmuster – Seelenschwestern, Seelenbrüder, Seelenpartner. Nur der Seelenpartner hat die exakten Seelenanteile, die genau zum anderen Partner passen, wobei mehrere Seelenpartner zur Verfügung stehen.

Die beiden Seelen, die aus einer Seelenessenz stammen, waren seit jeher dafür bestimmt, sich immer wieder in ihren Leben zu begegnen und zu finden. Sie haben sich vielen Aufgaben und Situationen gestellt, um an ihnen zu wachsen und ihr Bewusstsein zu erweitern. Nur in der derzeitigen Ära auf Erden haben sie die Chance, wieder ganz miteinander zu verschmelzen, um endlich wieder EINS zu werden. Alle Menschen suchen ein Leben lang nach ihrem anderen Puzzleteil, nach der großen Liebe, nach dem/der Richtigen, nach der perfekten Ergänzung ihres Seins. Die einen finden ihre Seelenliebe schon früher, die anderen benötigen einen längeren Zeitraum dafür. Haben sich zwei Seelenpartner bereits in der Dritten Dimension gefunden und sich aus tiefsten Herzen füreinander entschieden, war dieser Entschluss wichtig für ihren Seelenplan. Sie benötigen diesen energetischen Hintergrund, um eine bestimmte Aufgabe auf der Erde zu erfüllen.

Die göttliche Seelenvereinigung

Eine energetische Partnerschaft kann bereits seit einiger Zeit bestehen, bevor sich die Seelen schließlich ganz vereinen. Der optimale Zeitpunkt wird von oben bestimmt. Bei einer göttlichen Seelenvereinigung treffen zwei Seelen aufeinander, die vollkommen miteinander verschmelzen und sich ergänzen. Erst fließt die Energie der einen Seele in die Aura des anderen und vereinigt sich mit ihr, um sich dann in ein göttliches Gleichgewicht zu bringen. Danach folgt eine langsame Verschmelzung des gesamten Körpers. Jede Zelle wird nun mit der anderen Seelenenergie verwoben. Körpereigene Zellen, die vorher für sich alleine waren, werden nun mit ihrem Gegenstück zu einem göttlichen Ganzen geformt. Es wird das zusammengefügt, was schon immer zusammengehörte. Eine vollkommene Verschmelzung findet statt: Zwei Seelen werden endlich wieder EINS!

Während dieser Vereinigung, die bis zu zwei Wochen dauern kann, bedarf es viel Ruhe und Entspannung. Einige körperlichen Symptome wie Müdigkeit, Schlappheit, Kopfschmerzen und Verdauungsprobleme können auftreten, müssen aber nicht. Es richtet sich danach, wie weit der eigene Körper schon zum Lichtkörper transformiert ist und wie viel Schwingung er aushalten kann. Die beiden Seelen zogen sich dadurch an, dass sie das jeweilige passende Gegenstück vom anderen waren und dieselbe Ursprungsenergie und Schwingung der Seelengruppe innehatten. Während dieser Verschmelzung formt sich nun die Seelenenergie beider Partner zu einem exakt gleichen Schwingungsmuster: Sie sind jetzt eins! Dieses identische Schwingungsmuster ist auch der Grund dafür, dass die Seelen auf Erden voneinander angezogen werden. Gleiches zieht Gleiches an, ein kosmisches Gesetz.

Eine derartige Seelenvereinigung hat für beide Partner viele Vorteile. Die beiden Seelen unterstützen sich gegenseitig. Schwache Seelenanteile werden ergänzt oder gestärkt. Kann der eine sich nicht gut genug vor Fremdenergien schützen, verstärkt der andere seine Seelenanteile, die für Schutz zuständig sind. Da sie nun eins miteinander sind, funktioniert dieser Mechanismus automatisch. Kleine runde, funkelnde Partikel in der Aura vergrößern sich und nehmen an Glanz und Strahlkraft zu, sodass sie einen perfekten Schutzmantel um den Körper bilden. Die energetischen Körper strahlen so viel Liebe aus, dass alle Energien, die ihn angreifen wollen, in Licht transformiert oder in Liebe zurückgedrängt werden. Dies macht sich bei dem Beschützenden als ein Gefühl der Geborgenheit und des absoluten Schutzes bemerkbar. Er fühlt sich vollkommen sicher.

Jedes Chakra verbindet sich nach einer Seelenvereinigung mit seinem Pendant des Partners, so findet auch auf dieser Ebene eine vollkommene Verschmelzung statt, was die Eigenschwingung nochmals erhöht. Potenzial und Energien werden auch dort gestärkt und Blockaden aufgelöst. Die Liebe zwischen den beiden Seelen ist zu groß, als dass sich niedere Energien dort aufhalten könnten.

Es ist wichtig, dass beide es zulassen und bereit sind, wieder miteinander zu verschmelzen, um EINS zu werden. Ist dieses geschehen, stellt sich eine göttliche innere Ruhe ein, wir fühlen uns beschützt, geliebt, geborgen und EINS mit allem. Endlich sind die Seelenenergien wieder zusammen, die all die Jahrhunderte getrennt voneinander lebten. Nun ist die Schwingung auf Erden wieder so hoch, dass sie sich endlich vereinigen können. Das setzt neue Kräfte frei, neue Fähigkeiten kommen zum Vorschein, und wir können unseren Seelenplan weiter verfolgen. Unsere Partnerseele hat die Schlüssel und Puzzleteile, die uns noch fehlten, um unsere Potenziale vollends aufzuschließen, zu leben und die nächsten Schritte zu tun. Wir werden nicht mehr von der inneren Sehnsucht und Unruhe nach dem richtigen Partner getrieben und können uns nun ganz auf unsere Lebensaufgabe konzentrieren. Eine neue Freiheit stellt sich ein. Neue Potenziale werden eröffnet, unser Bewusstsein erweitert sich, wir betreten eine neue Ebene des Seins, eine neue Phase unseres Lebens bricht an. Die „Abmachung" für eine Seelenvereinigung bei einer energetischen Partnerschaft wird auf Seelenebene getroffen.

In der neuen Form der Partnerschaft geht es nicht darum, dass wir unbedingt mit dem Partner leben müssen oder nach außen hin offiziell ein Paar sind, es geht viel mehr darum, den anderen Teil unserer Seele zu finden, sich mit ihm zu vereinigen, damit die wahre Liebe wieder frei von Herz zu Herz fließen kann. Es ist wichtig, dass wir diese Liebe nicht unterdrücken, sonst verschließen wir uns vor dem göttlichen Fluss des Lebens. Alles würde ins Stocken geraten, Blockaden würden entstehen und somit der Energiefluss in vielen Bereichen gestoppt.

Alle Menschen haben diese Sehnsucht nach der ewigen Liebe, den starken Wunsch, ihr anderes Puzzleteil zu finden. Jedoch finden die göttlichen Seelenvereinigungen momentan noch selten statt, doch sie werden mit der Erhöhung der Schwingung des Planeten immer mehr zunehmen. Die Vereinigung zweier Seelen ist eine der höchsten Schwingungen, die es derzeit auf Erden gibt. Hellfühlige und -sichtige Menschen und jene, die ihre Wahrnehmungsfähigkeit schon weit entwickelt haben, können diese Seelenvereinigung spüren, denn diese göttliche Verbindung ist sehr stark. Sie können fühlen, wie sich ihre Energie verändert und ihre Zellen und energetischen Körper mit der anderen Seelenenergie verschmelzen.

Haben sie sich für eine energetische Partnerschaft entschieden, vertrauen sie ihrer Intuition und Wahrnehmung. Später werden sie sogar anfangen, mit der Seele zu kommunizieren. Sie werden die Energien und die göttliche Liebe spüren, die sie miteinander verbindet. Ihre erhöhte Wahrnehmungsfähigkeit wird ihnen helfen, diese einmalige Liebe zu genießen, zu empfangen und zu fühlen. Sie werden bemerken, wenn ihr Partner/ihre Partnerin neben ihnen steht, wenn er/sie sie begleitet. Die Seele wird zu ihnen sprechen. Mehr Liebe werden sie nicht bekommen, auch dann nicht, wenn sie mit dem Partner später zusammen sein sollten. Die körperliche Vereinigung auf der Erdenebene potenziert das Ganze zwar noch einmal, aber die Essenz der Liebe ist einzigartig und bleibt gleich. Mit dieser energetischen Partnerschaft geben sie sich gegenseitig Kraft und Liebe. Sie werden eine neue Freiheit leben, denn ihre Suche nach dem Seelenpartner hat vorerst ein Ende gefunden.

Neues Leben wird geboren

Vor oder während der göttlichen Seelenvereinigung wird die weibliche Seele von der männlichen energetisch befruchtet. Das heißt, sie trägt eine neue Energie in sich wie bei einer Schwangerschaft, bis die beiden Seelen auf Erden zusammenfinden. Es ist ihre neue gemeinsame E-nergie, ihr neues Leben in göttlicher Partnerschaft/Gemeinschaft. Auch wenn sie nach der Seelenvereinigung energetisch vollkommen EINS sind, hat die weibliche Seele die Aufgabe übernommen, diese neue Energie des Einsseins auf die Welt zu bringen.

Neues kreatives Bewusstsein

Treffen sie aufeinander und berühren sich, wird zeitgleich eine neue Energie gebildet, das kreatives Bewusstsein. Was heißt kreatives Bewusstsein? Es ist eine von den Seelen kreierte neue Energie, die der Erde und ihren Bewohnern bei ihrer Heilung hilft. Sie hat auf kreative Art und Weise ihren Anteil an dieser Transformation. Das kreative Bewusstsein hat eine eigene individuelle Aufgabe, so, wie jeder Mensch eine spezielle spirituelle Fähigkeit und Lebensaufgabe hat.

Wenn die zwei Seelen auf Erden zusammentreffen, sich berühren und ihre Herzen sich von Angesicht zu Angesicht verbinden, wird in diesem Moment eine neue Energie geboren. Am Anfang der Begegnung sind es nur kleine Liebesfunken, die gebildet werden, aber nach und nach, wenn es zu intimeren Berührungen und körperlicher Vereinigung kommt, wird regelrecht eine Fontäne an neuem kreativen Bewusstsein in die Welt hinausgeschossen. Dieses kreative Bewusstsein wird immer größer und umhüllt beide Seelen. Es wird entweder nach oben abgegeben oder nach allen Seiten versprüht und ist eine selbstständige Energie, die ihre, von der göttlichen Quelle gegebene Aufgabe erfüllt. Mit der Zeit, wenn diese beiden Seelen zusammen sind oder sogar zusammenleben, herrscht eine so innige Verbindung zwischen den beiden Herzen, dass die bloße Nähe des anderen ausreicht, um diese kreative Energie sprudeln zu lassen. Das kreative Bewusstsein aktiviert alle Zellen und Energien bei den jeweiligen Partnern. Neue Kräfte werden freigesetzt und können so für neue Dinge genutzt werden. Die Aktivierung der Energie fühlt sich an, als würde alles in uns zum Leben erweckt werden. Alles wird mit göttlicher Liebe angefüllt. Die Aura vergrößert sich, die Strahlen werden stärker und die Schwingung erhöht sich.

Wir befinden uns in einer Phase der absoluten Leichtigkeit, in vollkommener Fülle und Liebe. Die Umwelt erscheint uns wie eine andere Ebene, die wir nicht richtig greifen können. Wir haben keinen direkten Kontakt mehr zur Dritten Dimension, die Farben verblassen um uns herum, die niedrig schwingenden Energien erreichen uns nicht mehr. Zwar können wir unser Umfeld beobachten, haben aber keine wirkliche Beziehung mehr zu ihm. Alles verschwindet in einer Art strahlendem Nebel. Es ist die neue leuchtende Energie, die sich uns langsam zeigt. Wir befinden uns in der Fünften Dimension.

Genießen wir diese wundervolle Energie in uns und nehmen sie bewusst mit allen Fasern unseres SEINS war. Es ist wahrlich ein göttlicher Moment.

Lebensringe

Lebensringe sind dünne, farbige Energielinien auf der Höhe unserer Fußsohlen, die sich wie gleichmäßige, aber verschieden große Kreise um uns legen und die persönlichen energetischen Grenzen eines jeden Einzelnen darstellen. Sind wir zentriert, befinden wir uns in dem kleinsten Kreis, in der Mitte unserer Lebensringe. Stehen wir nicht dort, haben wir unsere innere Mitte verloren und sollten schnellstens wieder dorthin zurückkehren und herausfinden, was die Ursache für unser Verlassen des Zentrums war. Zudem darf sich keine andere Seele in diesen Kreisen aufhalten. Nur eine Ausnahme gibt es: In besonderen Situationen darf das eigene Kind sich in den Lebensringen der Mutter erholen. Befinden sich jedoch andere Seelen in unseren Lebensringen, müssen sie in ihre eigenen Grenzen verwiesen beziehungsweise in ihre eigenen Lebensringe gesetzt werden. Bei Fremdbesetzungen besteht die Gefahr der Manipulation und des Energieklaus. Oft ist dies bei Partnerschaften, in denen ein energetisches Missverhältnis besteht, zu erkennen. Bei einer göttlichen Seelenvereinigung verschmelzen nicht die Lebensringe miteinander, sondern es werden neue Kreise um beide Partner gezogen.

Neue Lebensringe

Bei einem ersten oder späteren Zusammentreffen zweier Seelenpartner auf Erdenebene entsteht sehr schnell ein besonderer magischer Moment, in dem die Anziehungskraft so stark ist, dass sich Raum und Zeit auflösen. Die beiden Seelen befinden sich auf einer anderen Ebene, in der lichtvollen Ebene der Liebe, und überlassen sich in diesem Moment vollkommen der Führung der göttlichen Quelle, sie nehmen nur noch sich wahr, und die Umwelt schwindet aus ihrem Blickfeld. Farbige, sich nach oben drehende Spiralen werden um die beiden gesponnen, die unter anderem den Schutz vor der Außenwelt geben, den sie benötigen, damit der nun folgende göttliche Vorgang ohne Störung verlaufen kann.

Die Spiralen bilden in Sekundenschnelle eine direkte Verbindung zur göttlichen Quelle in Form einer Lichtsäule. Alle irdischen Gesetzmäßigkeiten werden aufgehoben, alle Ebenen und Dimensionen verschmelzen miteinander, es gibt keinen Raum und keine Zeit mehr. Die beiden Seelen sind jetzt EINS mit allem, sie befinden sich auf der Lichtebene der Liebe. Nun fließt die göttliche Liebe, bildlich gesehen, von oben nach unten auf die Erdenebene, und neue Lebenskreise werden um die beiden Seelen gezogen. Ein energetischer Grundstein für einen gemeinsamen Lebensweg wird nun auf der irdischen Ebene gelegt.

Später können wir diese gemeinsamen Lebensringe stärken, indem wir die Herzverbindung zu unserem Seelenpartner bewusst wahrnehmen und die Liebe zueinander spüren.

Der rote Kristall

Eine energetische Partnerschaft, in der bereits der magische Moment einer Herzverbindung auf Erdenebene geschehen ist, birgt eine Besonderheit in sich. Während des göttlichen Augenblicks dieser Herzverbindung bildet sich ein gemeinsamer Kristall in der Farbe eines Diamanten, glitzernd und durchscheinend. Dieser bildet nun die Basis für den späteren roten Kristall und die gelebte Partnerschaft auf Erdenebene. Je nachdem, wie die Entwicklung beider Seelen voranschreitet, vielleicht bedarf es ja noch einiger Heilung, kann sich der Kristall in seinen Farben verändern. Dabei kommt es darauf an, welche für die energetische Partnerschaft benötigt werden.

Der gemeinsame Kristall bedeutet nicht, dass die beiden Seelen auf Erdenebene nun sofort zusammenkommen und eine glückliche Beziehung miteinander führen, sondern es kann genauso gut sein, dass die beiden noch Zeit für ihre Transformation benötigen und sich erst Jahre später dafür entscheiden, endgültig zusammenzuleben. Damit sie dennoch immer wieder zusammenfinden und die Herzverbindung bestehen bleibt, entsteht dieser magische Kristall, der größer ist als der uns innewohnende Seelenkristall. Unser Seelenkristall glitzert auch diamantfarben, aber bei genauerem Hinsehen erkennt man eine ihm innewohnenden individuelle Farbe, die sich nach der jeweiligen göttlichen Aufgabe und dem individuellen Potenzial einer jeden Seele richtet.

In der Begegnung, in der die gemeinsamen Lebensringe zweier Seelenpartner entstehen, wird ihre Liebe geerdet, und der Kristall verfärbt sich langsam in ein tiefes Rot. Die beiden Seelenkristalle, die sich noch in ihrer „alten" Position im Herznetz befinden, werden nun zusammengelegt. In dieser Phase der Erdung wird der rote Kristall nun langsam in die für ihn vorgesehen Position ins Herznetz gesetzt. Anfänglich sieht er wie ein kleiner funkelnder Kristall aus, der sich aber mit der Zeit vergrößert und die vierfache Größe unseres Seelenkristalls annimmt. Mit dem bewussten Senden unserer Liebe in diesen Kristall können wir ihn energetisieren und noch strahlender erscheinen lassen, bis langsam ein tiefes leuchtendes Rot entsteht. Dieses ist das Symbol der wahren göttlichen Liebe zueinander, verbunden mit der Erdung auf unserem Planeten. Der individuelle Seelenkristall eines jeden bleibt trotzdem erhalten.

In dem roten Kristall kommt die neue gemeinsame Energie, das kreative Bewusstsein, voll zum Tragen. Da diese gemeinsame Energie kraftvoller ist als der eigene Seelenkristall, laufen mehr Verbindungen und Energien über diesen kristallinen Verbindungspunkt im Herznetz. Der rote Kristall hat eine andere Aufgabe im großen Ganzen übernommen als der vorherige persönliche Seelenkristall. Das heißt nicht, dass wir unsere individuelle göttliche Aufgabe verlieren oder aufgeben, wir folgen ihr nach wie vor, sondern eine gemeinsame Aufgabe, die wir nur mit unserem Seelenpartner erfüllen können, kommt hinzu. Diese neue gemeinsame Energie und das daraus resultierende kreative Bewusstsein bergen solch eine große Macht und göttliche Kraft in sich, dass sie mehr transformieren, erschaffen und heilen können als ein einzelner Seelenkristall.

Die neue Kraft hilft uns auch, unseren Weg des Herzens leichter zu gehen. Wird eine Seelenpartnerschaft auf Erdenebene trotz gemeinsamer Lebensringe und rotem Kristall nicht gelebt, wird der rote Kristall nach einiger Zeit geteilt. Er verändert dann sein Farbe in ein leichtes glitzerndes Rosa-Pink. Diese rosa-pinkfarbenen Seelenkristalle strahlen eine außergewöhnliche Kraft und Würde aus, als Belohnung dafür, dass sie den Mut hatten, sich auf eine Seelenvereinigung einzulassen, im vollen Vertrauen, diese Liebe auch auf Erden vollkommen zu leben.

Seelenkristall/Seelenstern

Wir Menschen haben alle einen energetischen Kristallstern in unserem Energiekörper, der als Symbol für unsere Seele steht. Er ist sozusagen der Fingerabdruck unserer Seele in der Schwingung der Fünften Dimension. Dieser Seelenkristall, auch Seelenstern genannt, repräsentiert die Einzigartigkeit unseres Seins. Die Mitte dieses Seelensterns wird in unserem Solarplexus verankert und kommt erst dann zum Vorschein beziehungsweise kann erst dann gesetzt werden, wenn die alten inneren und äußeren Strukturen unseres Körpers, unserer Energie- und Auraschichten, gelöst wurden. Sind diese aufgelöst, kann der Kristallstern von einem Lichtarbeiter beziehungsweise

Heiler gesetzt werden. Voraussetzung für diesen transformatorischen Vorgang ist, dass der Körper schon zu einigen Teilen in einen Lichtkörper umgewandelt ist. Eine zu frühe Setzung des Kristallsterns würde einige nicht besonders schöne „Nebenwirkungen", wie zum Beispiel Orientierungslosigkeit, Abschiedsschmerz, Trauer, Hilflosigkeit und Verwirrung hervorrufen.

Der Seelenstern birgt unter anderem alle unsere Fähigkeiten, unser volles Potenzial sowie göttliche Schwingungen unseres Seins der Fünften Dimension in sich.

Verbindung mit der eigenen Göttlichkeit

Sind nach einer Seelenvereinigung alle Zellen beider Partner vollkommen miteinander verschmolzen, besteht die Möglichkeit, dass wir unsere eigene Göttlichkeit noch einmal verstärken können. Voraussetzung dafür ist, dass wir uns bereits vorher mit diesem Thema beschäftigt und unsere Göttlichkeit angenommen haben. Noch einmal verbinden wir uns mit unserer Göttlichkeit, fühlen die EINS-Werdung mit ihr, indem wir uns bewusst vorstellen, dass sich die Göttlichkeit als goldene Energie um unsere Zellen legt. Unsere gesamten Körperzellen werden mit dieser goldenen Energie umhüllt und strahlen so die vollkommene Göttlichkeit aus. Sie sehen aus wie kleine goldene Energiekugeln und nehmen an Größe und Energie zu, da sie ab jetzt immer von der goldenen Göttlichkeit gespeist werden. Dadurch ruhen wir noch mehr in uns. Unsere Kraft potenziert sich und verstärkt unsere Ausstrahlung. Nun sind wir wieder mit uns selbst und unserem Seelenpartner eins geworden, ganz mit unserer Seelenessenz vereint.

Unsere Göttlichkeit verstärkt auch die Manifestationen unserer Herzenswünsche, und die Macht der eigenen Schöpfung ist in ihr erkennbar. Unsere ganze Pracht, die Schönheit unserer Seele und unsere Liebe zu Allem-was-ist spiegeln sich in unserer Göttlichkeit wider. Wir können sie verstärken, indem wir uns bewusst mit ihrer Energie verbinden, sie wahrnehmen und wie ein leichtes Prickeln in uns spüren. Unsere Schwingung erhöht sich, und ein göttliches Strahlen erhellt unsere Aura. In Sekundenschnelle können wir so unsere Ausstrahlung und innere Kraft stärken. Zudem schützt die goldene Schicht die vorangegangene Seelenvereinigung und somit auch die energetische und/oder bereits gelebte Seelenpartnerschaft. Der goldene Kreis des Schutzes zieht sich um beide Seelen. Auch im Fall einer Trennung der Partner, wenn sich ein Partner doch für einen anderen Weg entscheidet, bleiben dieser Schutz und die einzigartige Energie der eigenen Göttlichkeit erhalten.

Alte Egomuster

Vorsicht vor alten Egomustern

Wenn wir uns entschlossen haben, eine energetische Partnerschaft einzugehen, sollten wir aufpassen, dass wir nicht in unsere alten Egomuster verfallen. Es kann sein, dass eine der beiden Seelen noch in alten Programmen steckt und in der Dritten Dimension verhaftet ist, wodurch die Wahrscheinlichkeit, auf das Ego des anderen zu reagieren, erhöht ist. Einer der beiden Partner sollte absolute Bewusstheit und ein Leben im Hier und Jetzt leben. Er sollte genau wissen, wie er wieder in seine innere Mitte kommt, falls er sich für kurze Zeit seinen alten Gedankenmustern hingibt.

Dieses Verfallen in alte Egomuster ist deswegen so gefährlich, weil wir diese uns vertrauten Verhaltensmuster in der Vergangenheit lange lebten. Alle vorherigen Beziehungen wurden auf der Grundlage des Egos geführt. Unser Ego will, dass wir diesen Partner besitzen, ihn immer bei uns haben, er uns immer seine Liebe spüren lässt, uns Aufmerksamkeit und Anerkennung gibt; wir wollen gebraucht werden, wir wollen Geborgenheit, Bewunderung, wir wollen eine feste Partnerschaft, vielleicht sogar Heirat, wir wollen Treue und die sichere Liebe. Führen wir eine energetische Partnerschaft, müssen wir wachsam sein, nicht unserer Sehnsucht und „Egoliebe" von früher zu verfallen. Auch Wut und Angst können zeitweise auftreten, da es vielleicht auf der Erdenebene den Anschein hat, dass nichts vorangeht. Die energetische Partnerschaft kann, muss aber nicht auf Erdenebene gelebt werden.

Energetische Partnerschaft zweier Seelen, von denen sich eine noch in der Dritten Dimension befindet

Es kann sein, dass eine der beiden Partner noch in alten Programmen beziehungsweise in der Dritten Dimension verhaftet ist. Die Wahrscheinlichkeit für den anderen Partner, trotz seiner hohen Schwingung auf das Ego des anderen zu reagieren, ist damit sehr hoch. Absolute Bewusstheit und ein Leben im Hier und Jetzt sollten nun gelebt werden, sonst wird es für beide sehr schwierig, und die Beziehung könnte sich zu einer Beziehung der Dritten Dimension entwickeln. Die einzige, immerwährende Verbindung jedoch besteht zwischen ihren Herzen. Durch sie bleiben die Seelen immer in Kontakt, durch sie werden sie durch alle Höhen und Tiefen getragen. Ist einer von beiden noch nicht bereit, alle Dinge in der Dritten Dimension hinter sich zu lassen, um in der Fünften Dimension zu leben, wird keine Seelenpartnerschaft auf Erdenebene stattfinden. Es kann sein, dass die eine Seele noch Zeit für ihre Transformationsarbeit benötigt. Dauert dieses zu lange und gefährdet die Erfüllung der Lebensaufgabe des anderen, wird ein neuer Seelenpartner/eine neue Seelenpartnerin von der göttlichen Quelle geschickt.

Zu früh für eine energetische Partnerschaft

Es ist sehr unwahrscheinlich, dass Seelenpartner, die sich noch in der Dritten oder in den ersten Ebenen der Vierten Dimension befinden, eine so hohe Wahrnehmungsfähigkeit entwickelt haben, eine energetische Partnerschaft bewusst einzugehen. Vielleicht bemerken sie, dass dies der Partner ihrer Ursprungsseele sein könnte, oder sie spüren eine besondere Anziehungskraft zueinander (falls sie sich schon kennen), aber sie sind selbst noch in alte Muster verstrickt, sodass es noch einige Zeit dauern wird, bis beide wirklich bereit sind, eine göttliche Seelenvereinigung einzugehen. Noch gibt es zu viele Verletzungen und Blockaden in ihrem Herzen, um den Weg gemeinsam zu gehen.

Während unserer Transformation in die Fünfte Dimension müssen wir lernen, Liebe zu geben, ohne Liebe zu fordern oder zu erwarten. Die Liebe erhalten wir von der göttlichen Quelle, unserem Höheren Selbst, unseren Engeln oder anderen Lichtwesen. Später empfangen wir frei von alten Mustern die wahre Liebe von unserem Seelenpartner. Diese liebevolle Energie werden wir nach einer göttlichen Seelenvereinigung immer in uns spüren. Es ist eine neue Form der Liebe, der Kraft und der Beziehung und eins der schönsten Gefühle überhaupt.

Vorherige Beziehungen

Vorherige Partner in unserem Leben konnten einzelne verletze Seelenanteile heilen oder aktivieren, jedoch waren sie nicht für eine göttliche Seelenvereinigung bestimmt. Diese Beziehungen basierten auf alten Mustern und Programmen des Egos. Sie sind/waren wichtig für die Öffnung der Herzen und die Transformation der Seele.

Alte gesellschaftliche Strukturen

Leider akzeptiert die Gesellschaft nur eine Form des Zusammenlebens: die Ehe oder eine feste Partnerschaft. Es sind alte Strukturen, die auch heute noch oft krampfhaft nach außen aufrechterhalten werden, um den Schein zu wahren. Oft hat eine „richtige" Beziehung nichts mit der wahren Liebe zu tun. Zu viele Faktoren können verhindern, sich zu trennen und die wahre Liebe zu finden, zum Beispiel vorhandene Kinder, finanzielle Versorgung der Frau, Gewohnheit, alte Traditionen und vieles mehr. Diese starken, beeinflussenden Energien verhindern oft, dass sich viele überhaupt die Frage stellen, ob es die wahre Liebe gibt. Finden sie ihre Liebe, geraten sie in einen großen Gewissenskonflikt. Sie können die alten Strukturen noch nicht durchbrechen, sich nicht davon befreien. Aber die wahre Liebe bleibt bestehen, auch wenn die äußeren Lebensumstände noch nicht gegeben sind, diese zu leben.

Wahre Herzverbindungen sind so stark, dass sie selbst nach einer Trennung durch Raum und Zeit, nach Höhen und Tiefen immer bestehen bleiben. Dieses wird von den Engeln und Lichtwesen so arrangiert, damit beide Seelen immer wieder zueinanderfinden. Entscheiden sich beide Seelen, die wahre Liebe auch auf Erden zu leben, werden sie eine große Transformation durchmachen, alte Strukturen aufbrechen, um den Weg der Liebe und des Herzens zu gehen. Dreht sich eine der beiden Seelen auf diesem Weg wieder um, da es ihr vielleicht zu schwerfällt, sich aus alten Formen und Strukturen zu lösen, findet eine Zusammenführung der Seelen in diesem Leben nicht mehr statt. In diesem Fall wird von der göttlichen Quelle ein anderer Seelenpartner geschickt.

Mehrere Seelenpartner

In einigen Fällen kann es vorkommen, dass sich unser Seelenpartner doch noch gegen eine gelebte Partnerschaft auf Erden entscheidet, obwohl bereits gemeinsame Lebensringe gezogen wurden und sich ein Kristall gebildet hat. Dieser Entschluss hat damit zu tun, dass er seine karmischen Aufgaben und spirituellen Prüfungen in diesem Leben nicht mehr erfüllen kann oder will. In diesem Fall tritt eine göttliche Notfall-Regel ein. Es wird uns ein „neuer" Seelenpartner geschickt, manchmal auch mehrere, der mit unseren Schwingungen und Lebensplänen übereinstimmt. Da wir bereits die vollkommene Ganzheit unserer Seelenessenz nach einer Vereinigung auf Seelenebene erfahren haben, können wir auch mit anderen Partnern glücklich zusammen sein und die wahre Liebe leben. Wir sind bereits eins, und so fällt uns die Suche beziehungsweise das Finden eines idealen Seelenpartners nicht schwer.

Nach einer Seelenvereinigung werden die Energien von den Partnern nicht mehr getrennt, da diese bereits eins in sich geworden sind und die Partner unabhängig und frei voneinander leben können. Es wurde nur das zusammengefügt, was sowieso zusammengehört. Wir fühlen uns ganz, und das bleibt auch nach einer Umentscheidung eines Partners so bestehen. Nur die eventuell entstandenen Egoenergien werden voneinander getrennt. Der göttliche Plan stellt so viele Möglichkeiten bereit, dass auf jeden Fall jeder seiner göttlichen Aufgabe nachkommen kann, der sich für den lichtvollen Weg seines Herzens entschieden hat. Die Engel senden uns eine neue Seele aus unserer Seelengruppe, damit wir mit ihr unsere göttliche Aufgabe erfüllen können.

Die Umentscheidung eines Seelenpartners geschieht nur in den seltensten Fällen, muss jedoch immer von der Lichtebene mit einkalkuliert werden, da der freie Wille eines jeden zählt, respektiert und geachtet wird. Zusätzlich kann nach einiger Zeit auch eine dimensionale Trennung zwischen den beiden ehemaligen Seelenpartnern stattfinden, wenn sich einer der beiden weiterentwickelt, seine Schwingung erhöht und sich in eine höhere Dimension begibt. In diesem Moment entsteht eine unüberwindliche Grenze zwischen Raum und Zeit, in der die Partner eine schwächere oder gar keine Verbindung mehr zueinander spüren. Es ist ein Gefühl, als würde sich der Partner in einem anderen Raum befinden, zu dem es keine Tür gibt, um ein- oder auszutreten. Auch wenn wir manchmal nicht verstehen, dass ein Mensch sich umentscheidet, werden die Lichtwesen der Lichtebene sich immer darum kümmern, dass es uns noch besser geht als vorher. Also vertrauen wir ihnen, denn sie wissen genau, was für uns gut ist, auch wenn wir es manchmal nicht sofort verstehen können.

Partnerschaften und Beziehungen in der Dritten Dimension

Beziehungen, die wir in der Dritten Dimension eingegangen sind, dienten uns bei der Transformation in die Fünfte Dimension. Alte Verletzungen, Programme, Glaubensmuster sind immer wieder aufgetreten, um sie zu erkennen, anzunehmen und zu heilen.

Eine Beziehung/Partnerschaft hat uns unter anderem geholfen,

- alte Programme, Glaubensmuster und Verhaltensweisen widerzuspiegeln,
- alte Strukturen zu erkennen und aufzulösen,
- Seelenanteile wieder anzunehmen und zu integrieren,
- uns wieder auf uns selbst zu konzentrieren,
- unser Herzzentrum zu heilen,
- unseren Lebensweg zu gehen,
- auf unsere Intuition und unser Herz zu hören.

Durch diese Beziehungen der Dritten Dimension haben wir gelernt, sie basierten jedoch auf unserem EGO. Nur wenige von uns gingen wirklich eine wahre Herzverbindung ein, – und eine göttliche Seelenvereinigung war in dieser Dimension nicht möglich. Sie empfanden zwar Liebe füreinander, aber ihre Seelen und Zellen verschmolzen nicht miteinander. Die Vereinigung in der Dritten Dimension war nur bedingt möglich und spielte sich lediglich in den Auren ab. Waren die Partner gleichwertig in ihrer Beziehung, harmonisierten ihre Auren miteinander wie bei einem Yin und Yang Zeichen.

Nun ist es Zeit, ganz miteinander zu verschmelzen, denn dadurch werden wir wieder eins mit uns selbst und gewinnen eine neue Freiheit, die göttlich ist. In der Dritten Dimension vereinigen sich die Zellen nicht während einer körperlichen Vereinigung, sondern docken aneinander an. Im Laufe der Beziehung kann es sein, dass die Zellen Widerstand aufbauen und sich gegenseitig abstoßen. Dieser Widerstand zeigt sich dann in Form von Streit, Unzufriedenheit oder anderen Problemen. Die Zellen kämpfen miteinander, denn der Mensch ist immer noch mit seinem Ego verhaftet und lebt die meiste Zeit im unbewussten Mangel, und so reagieren auch die Zellen aufeinander. Sie haben die Ego-Energien in sich, und es geht letztendlich nur um Macht, Anerkennung und Erwartung. Jeder versucht, den anderen von seiner „Wahrheit" zu überzeugen.

Bei einem Missverhältnis der Energien können die Zellen des schwächeren Partners regelrecht von den anderen Zellen vereinnahmt werden, sodass diese nicht mehr alleine reagieren können. Eine Unterdrückung entsteht, die sich dann auch in der Partnerschaft bemerkbar macht. Mit wachsender Schwingung der Erde wird die göttliche Wahrheit ans Licht gebracht, alle Verhaltensweisen und Muster kommen zum Vorschein, die nicht im Sinne des Herzens und der göttlichen Quelle sind. Das heißt nicht, dass alle Beziehungen in den Zeiten des Aufstiegs auseinandergehen, es können sich auch bereits bestehende Beziehungen in ihrer Schwingung erhöhen und letztendlich eine Seelenvereinigung eingehen. Dazu müssen beide Partner bereit sein, an sich zu arbeiten und sich zu transformieren, dann kann es funktionieren, vorausgesetzt, die wahre Liebe war von Anfang an da und ist zwischen ihnen nie verloren gegangen.

Seelenpartner – Herzenspartner – Egopartner

Seelenpartner

Der Seelenpartner ist der Teil von uns, der uns vollkommen ergänzt und wieder zu einer einzigen großen Seele vereinigt, sozusagen unser „Gegenstück". Das, was seit langem getrennt war, wird wieder zusammengefügt, die ursprüngliche goldene Seelenkugel entsteht. Die Beziehung/Partnerschaft zwischen zwei Seelenpartnern ist von Gott gewollt und dient dem Wohl aller. Sie unterstützt den Aufstieg und die Transformation der Erde und ihrer Bewohner in höhere Dimensionen. Die Seelenpartner werden göttlich zusammengeführt, und ihre Partnerschaft steht unter göttlichem Schutz. Sind wir wieder mit unserem Seelenpartner auf der energetischen Ebene, auf der Seelen- und Erdenebene, vereinigt, können wir unser gesamtes göttliches Potenzial leben und aus ihm schöpfen. Wir unterstützen und energetisieren uns gegenseitig. Die reine Herzensliebe zwischen den beiden Seelenpartnern ist so intensiv wie bei keiner anderen Beziehung. Beide Herzen verschmelzen zu einem großem symbolischen Herz, das für die wahre und reine göttliche Liebe steht.

Herzenspartner

Der Herzenspartner kann auch gleichzeitig der Seelenpartner sein, was aber nicht automatisch gilt. Viele Menschen haben einen Mann oder eine Frau in ihrem Herzen, mit dem sie gerne eine Beziehung eingehen möchten. Das muss aber nicht gleich heißen, dass dieser Wunsch auf Gegenseitigkeit beruht. Oft kommt es vor, dass das Ego uns ein Schnippchen schlägt und wir uns auf genau diesen einen Menschen versteifen. Wir wollen unbedingt, dass ein bestimmter Mensch mit uns eine Beziehung eingeht und glauben, nur mit diesem Menschen glücklich werden zu können.

Sobald wir denken, nur zu zweit könnten wir glücklich werden, sollten wir anfangen, die Ursache dafür zu erforschen, warum wir einen anderen Menschen für unser Glück benötigen, denn glücklich sein sollten wir in erster Linie mit uns selbst. Alte Programme, Ängste und Emotionen haben uns in eine Abhängigkeit zu diesem Menschen und zu unserem Ego gebracht, und wir können die wahren Gefühle von den unwahren nicht mehr klar voneinander trennen. Wir agieren dann nur noch in dem „Sehnsuchts-Mangel-Liebe"- Programm. Oft können wir dann nicht mehr unterscheiden, ob es sich wirklich um den wahren Herzenspartner handelt, oder ob unser Ego nur Recht behalten will.

Es gibt viele Gründe für dieses Verhalten. Alte Programme, Erziehungs- und Gesellschaftsmuster treiben uns zu der Illusion, **den** richtigen Partner um alles in der Welt finden zu wollen. Es gibt nicht den Richtigen, sondern nur einen Partner zur richtigen Zeit, nämlich die Seele, die wir momentan für unsere Weiterentwicklung brauchen. Ausnahme ist der Seelenpartner/die Seelenpartnerin, er/sie ist die wahre Ergänzung unseres Seins. Aber diese treffen wir nur, wenn wir stets an uns arbeiten und den lichtvollen Weg der Liebe gehen.

Egopartner

Egopartner ziehen wir entweder durch unser altes Schwingungsmuster an, wie zum Beispiel alte Programme und Glaubenssätze, oder sie basieren auf den Wünschen der Dritten Dimension. Viele denken, nur in der Zweisamkeit mit einem Partner glücklich sein zu können und erwarten von diesem, dass er sie glücklich macht. Sie hoffen, Liebe und Anerkennung von ihm zu bekommen. Aber das sind die falschen Gründe und Motive. Bei der Wunschenergie der Dritten Dimension werden wir nur die Partner anziehen, die unseren Egomustern entsprechen, und dasselbe Drama kann wieder von vorne beginnen. So lange wir nicht unsere Verhaltensweisen ändern und den Ursprung dafür erkannt und geheilt haben, werden wir nicht die von uns gewünschte Seelenpartnerschaft der Fünften Dimension eingehen. Wir sollten uns wirklich die Fragen stellen: Können wir auch alleine glücklich sein? Haben wir Sehnsucht nach Zweisamkeit, nach Liebe? Brauchen wir noch Anerkennung und Liebe von außen/von unserem Partner, damit wir uns angenommen, geliebt und ganz fühlen? Sehnen wir uns nach dem Gefühl gebraucht zu werden? Das sind alles Aspekte unseres Egos und nicht unseres Herzens.

Egoverbindungen zwischen zwei Partnern sehen aus wie dunkle Schläuche, die sich um den anderen wickeln oder ihn festhalten. Meistens sind die Beziehungen so stark verstrickt, dass die ursprüngliche Herzverbindung nicht mehr zu sehen ist. Hier gilt es, zuerst die beiden Partner von diesen energetischen, einengenden Verbindung zu erlösen, um wieder eine Kommunikation auf der Herzebene zu schaffen. Partnerschaftliche Verbindungen auf der Egoebene können wir dazu nutzen, uns zu transformieren, unsere Seele und unser Herz zu heilen. Natürlich kann es auch vorkommen, dass wir unseren Seelenpartner schon früher getroffen, als wir uns noch überwiegend in der Dritten Dimension befunden haben oder gerade dabei waren, unsere Schwingung zu erhöhen. Es kann auch dort der Grundstein für eine zukünftige Seelenpartnerschaft der Fünften Dimension gelegt worden sein. Jedoch wird diese Beziehung erst zum richtigen Zeitpunkt, der von der göttlichen Quelle bestimmt wird, in eine Seelenpartnerschaft mit vollkommener Vereinigung übergehen, wenn beide bereit dazu sind. Die Verbindungen zwischen Seelenpartnern sind rosa-glitzerfarbene Strahlen, die von Herz zu Herz gehen.

Den wahren Herzenspartner/Seelenpartner erkennen wir in unserem Herzen. Es ist ein gewisses Gefühl, eine Ahnung, dass dieser Mensch genau die andere Hälfte unserer Seele ist. Obwohl wir schon in uns ganz und vollkommen sind, nähern wir uns bei einer Seelenvereinigung unserer ursprünglichen Seelenessenz der göttlichen Quelle. Nun haben wir die Möglichkeit, die göttliche bedingungslose Liebe der Fünften Dimension mit einem Partner/einer Partnerin gemeinsam zu fühlen. Diese einzigartige Schwingung der Fünften Dimension war bis jetzt nicht gegeben, und so wurde das Zeitalter der Herzensliebe von Christus selbst eingeläutet. Neue Energien, höhere Schwingungen und die Transformation der Menschheit und des Universums geben uns nun die Möglichkeit, diese einzigartige Herzensliebe und intensive Herzverbindung wahrzunehmen, zu spüren und zu leben.

Sexuelle Triebe

Die meisten glauben, ein Seitensprung wäre schlimmer als eine nur im Geist gelebte Liebe, dabei ist die Herzverbindung die stärkste Verbindung zwischen zwei Seelen. Körperliche Vereinigungen, die nur auf sexuellen Trieben basieren, verursachen dunkle Flecken in der Aura und lassen die Eigenschwingung absinken – es entsteht ein ungutes Verhältnis zwischen Mann und Frau. Demütigung, Missachtung, Respektlosigkeit, Minderwertigkeitsgefühle und Wut übernehmen die Macht. Wir begeben uns in dieser Triebhaftigkeit in die Strukturen des Egos und der Dritten Dimension.

Haben wir Achtung vor uns selbst, lieben wir uns und befinden uns auf dem Weg der Erleuchtung, besteht kein Verlangen mehr, niedere Triebe auszuleben. Körperliche Liebe kann ein großartiges Erlebnis sein, wenn wir der wahren Liebe die Führung überlassen und uns hingeben. Übernimmt das Ego die Vorherrschaft, entstehen niedere Triebe, die uns in die abwärts drehende Spirale des Lebens ziehen. Sie schädigen uns sehr, und wir brauchen sehr lange, um uns davon wieder zu erholen. Wenn wir bereits die meiste Zeit in der Fünften Dimension leben, und uns, aus welchen Gründen auch immer, einer sexuellen Vereinigung ohne wahre Liebe hingegeben haben, sind das schwerwiegende Energieverluste.

Menschen, die sich in den triebhaften Spielen zu Hause fühlen, leben in einer sehr tiefen Schwingung und bemerken nicht, dass sie von den dunklen Mächten in die Dunkelheit hinabgezogen werden. Dementsprechend formt sich auch ihr Leben in der Außenwelt. Irgendwann kommt der große Knall, und sie liegen energetisch, seelisch und körperlich am Boden. Sie sind eine Hülle ihres Selbst geworden, eine Leere, die der Dunkelheit angehört. Sie sind den sexuellen Trieben verfallen und haben sich ihrem Ego und der Dunkelheit geopfert. Es bedarf viel eigener Erkenntnis, des Willens und der Selbstheilung, um dort wieder herauszukommen, um die reine göttliche Lust der Liebe wieder erlernen und leben zu können.

Botschaft von Lady Diamond, Priesterin aus Avalon

Ich bin die Priesterin vom See und zu euch gekommen, um euch endlich in unserem Reich willkommen zu heißen. Das Tor der Achten Dimension hat sich geöffnet und ist nun bereit, den Heiligen Gral auf euch scheinen zu lassen. Die Suche nach dem Heiligem Gral hat ein Ende, denn das Geheimnis dieses göttlichen Grals ist die Göttlichkeit in euch. Jahrhundertelang habt ihr den Heiligen Gral in euch getragen und nichts bemerkt. Er ist die vollkommene Verbindung zu eurem Herzen und zur göttlichen Quelle. Habt ihr dieses erreicht, werdet ihr alle EINS, und die heilige Essenz, die Energie des Heiligen Grals, kann nun endlich ihre Aufgabe erfüllen. Sie ist die wahre Göttlichkeit, die göttliche Quelle in euch, im Universum, auf der Erde, in allem. Gott ist alles, und ihr seid Gott.

Zu unserer Zeit mussten wir dieses Geheimnis geschützt in uns zu tragen, um es eines Tages ans Licht bringen zu können. Wie viele Menschen, wie viele Gruppierungen und Verbindungen haben sich auf die Suche nach dem Heiligen Gral begeben. Der Heilige Gral, der als Kelch dargestellt wurde, war ein Instrument, das sich automatisch mit den göttlichen Dimensionen verbinden konnte. Dieser Kelch hatte die Fähigkeit, alles miteinander zu verbinden, egal, in welchen Ebenen und Dimensionen die Menschen damals lebten. Nur war es früher zu Zeiten der Tempelritter nicht der richtige Zeitpunkt, dieses öffentlich kundzutun. Dieses Projekt wäre sehr gefährdet gewesen. Zu Avalons Zeiten war es kein Geheimnis, und der Kelch stellte die pure Macht über die Gezeiten, Dimensionen und göttlichen Energien dar. Aus diesem Grund waren damals viele Krieger auf der Suche nach dem Heiligen Gral. Sie wollten die Macht, die dieser Kelch in sich trug, für sich alleine haben. Jämmerlich sind sie daran zu Grunde gegangen, sie wurden von ihrer eigenen Gier zerfressen. Der Heilige Gral wurde gut von uns verwahrt und beschützt, bis heute.

Alle Flammen in eurem Herzen werden nun mit dem grünen Licht des Heiligen Grals neu entfacht. Jetzt ist die Zeit gekommen, euch wieder mit Gott und eurem Herzen zu verbinden. Lange haben wir darauf gewartet. Verbindet euch mit den Energien des Heiligen Grals, denn die Flamme in eurem Herzen ist der Heilige Gral, eure Göttlichkeit. Werdet wieder EINS mit der göttlichen Energie des Heiligen Grals, werdet zum Heiligen Gral.

Dieses Geheimnis wird all denjenigen zugänglich gemacht, die bereit dafür sind, ihn anzunehmen. Durch die Jahrhunderte hinweg gab es zum Glück wahre göttliche Seelen, die dieses Geheimnis gut versteckten und nur denen zugänglich machten, die es sicher weitertrugen. Auch Lord Melchisedek hatte ihn in der Hand, genauso wie St. Germain, Erzengel Metatron, Jesus Christus und viele andere Lichtarbeiter der vergangenen Zeiten und Epochen. Alle hatten eins gemeinsam: Die Herzensenergie verband sie, sie wurden von dieser Quelle, dem Heiligen Gral, gespeist, und sie benötigten diese göttliche Energie, um den Anforderungen ihres Lebens zu bestehen und ihrer

Lebensaufgabe gerecht werden zu können. Jesus zeigte den Heiligen Gral sogar mehrmals öffentlich vor vielen Menschen, jedoch nur Auserwählte wie Maria Magdalena nahmen dieses einmalige Ereignis bewusst wahr. Jesus Christus gab den Menschen mehrmals die Möglichkeit, die göttliche Liebe und das EINSSEIN mit Gott zu spüren. Leider waren nur sehr wenige Seelen schon bereit, sich diesen hohen Energien zu öffnen.

Der Heilige Gral ist auch die Versöhnung, die Vergebung und die Liebe in euch. Vergebt euch endlich selbst und lasst die Schuld, die ihr euch jahrhundertelang aufgeladen habt, los! Das Leiden hat ein Ende, das Leben soll gefeiert werden! Die Liebe soll gelebt werden! Das himmlische Paradies mit all seinen göttlichen wunderbaren Energien, Lichtwesen und Farben soll nun auf die Erde geholt werden. Das Paradies wohnt bereits in euch. Nach der Transformation des Leids ist es nun Zeit, diese Freude aus vollem Herzen zu leben. All dies ist in euch und bereit, neu geboren zu werden, in eine neue Welt der Liebe, der Freude und des Friedens.

Die leicht diamantene Energie des Heiligen Grals, die in all ihren Grüntönen erstrahlt, hilft euch, weiter auf dem Weg eures Herzens zu bleiben. Konzentriert euch auf diese göttliche Macht, auf diese einmalige Kraft, die von dem Heiligen Gral in euer Herz strömt. Erleuchtet damit euer Sein, eure Umwelt, eure Mitmenschen, das Tierreich, die Pflanzen, die Natur, die Erde, die Elementarwesen, die Engel, einfach alles. Seid nun bereit und öffnet eure Herzen für diese wunderbare einzigartige Energie, die Energie eu-

rer Göttlichkeit! Lasst eure inneren Grenzen los, denn nun ist es Zeit, in großer Schöpfung zu leben und zu denken. Diese Energie ist grenzenlos und erreicht alles, was ihr euch vorstellen könnt. Wunder geschehen!

Geliebt seid ihr immerdar!
Priesterin Lady Diamond aus Avalon

Hilarion

Lichtarbeiter

Lichtarbeiter sind Seelen, die sich dafür entschieden haben, den Menschen, der Erde, den Tieren, der Natur und dem Kosmos beim Aufstieg in die Fünfte Dimension zu helfen. Dabei geht es nicht immer darum, unbedingt zu channeln oder mit den Händen zu heilen, sondern durch die individuellen spirituellen Fähigkeiten und die göttliche Aufgabe, die ein Lichtarbeiter von der göttlichen Quelle bekommen hat, die Transformation der Klienten und Mitmenschen zu unterstützen und sie auf ihrem lichtvollen Weg zu begleiten. Jeder hat spirituelle Fähigkeiten, die bereits in seiner Seele verankert sind. Gehen wir auf dem Weg unserer Transformation stetig voran, heilen wir unser Herz. Begeben wir uns in die Einheit mit unserer Seele, mit der Erde, mit der Fünften Dimension und mit der göttlichen Quelle, werden unsere Fähigkeiten für uns zugänglich, und wir können uns bewusst mit ihnen verbinden. Lichtarbeiter sind dazu berufen, im göttlichen Auftrag zu wirken und spezielle Aufgaben zu übernehmen, um der Erde und ihren Bewohnern zu helfen.

Auch bei den Lichtarbeitern gibt es verschiedene Berufsrichtungen, einige davon sind:

- Die Lichtboten,
- Kristalltransformer,

- göttliche Vermittler und göttliche Lehrer der Neuen Energie der Fünften Dimension,
- göttliche Lehrer und Vermittler der Kinder,
- Lehrer der Neuen Zeit,
- Erwecker,
- Aktivatoren,
- Künstler des Lichts,
- Heiler,
- stille Lichtarbeiter,
- zentrale Lichtpunkte eines Landes,
- „kleine Lichtarbeiter", die Kinder der Neuen Zeit.

Lichtarbeiter arbeiten mit höheren Energien und weisen eine hohe Eigenschwingung auf. Sie haben sich bewusst dafür entschieden, ihrem Herzen zu folgen, in göttlicher Liebe zu leben und sich der Führung der göttlichen Quelle anzuvertrauen, um als Lichtarbeiter tätig zu sein. Viele haben ihr Leben komplett geändert, damit sie dem Ruf ihres Herzens und dem der göttlichen Quelle folgen können.

Lichtarbeiter sind jedoch keine Übermenschen oder Gurus, sondern sie haben ein Leben mit intensiven Höhen und Tiefen durchlebt. So haben sie gelernt zu verstehen, wie eine Transformation abläuft, und können den Menschen optimal bei ihrer spirituellen Weiterentwicklung helfen. Sie können unterscheiden, ob die Menschen aus ihrem Ego oder aus reinem Herzen handeln und wissen Bescheid über das oberflächliche und manipulative Spiel des Egos und können so hinter die Kulissen schauen, um die wahren Absichten und Ursachen dafür zu erkennen. Zugleich sehen sie die wahre Kraft und Schönheit jeder Seele, um sie in ihrem Sein zu stärken.

Lichtarbeiter wissen genau, wie sie mit auftauchenden Problemen oder niedrig schwingenden Gefühlen in ihrem Leben umgehen müssen, damit sie weiter in Leichtigkeit und in Liebe leben und im Fluss ihres Lebens bleiben können. Durch dieses spirituelle „Training" können sie ihren Klienten optimal helfen. Jeder Lichtarbeiter hat sein „Spezialgebiet", mit dem er am besten helfen kann. Dieses „Spezialgebiet" ist ein bestimmtes Lebensthema und hängt von den Ereignissen ab, die er in seinem Leben erlebt hat. Er hat sie selbst durchlebt und weiß dadurch, wie er am besten in diesem Bereich helfen kann. Zu diesem „Spezialgebiet" kommen noch seine individuellen spirituellen Fähigkeiten und die göttliche Aufgabe hinzu.

Voraussetzungen, um als Lichtarbeiter arbeiten zu können, sind:

- dass die Seele bereit ist für diese Aufgabe,
- die von Gott verliehene Gabe bewusst anzunehmen und in die Tat umzusetzen beziehungsweise auszuführen,
- eine bestimmte Stufe des spirituellen Bewusstseins erreicht zu haben,
- ein reines und offenes Herz,
- Vertrauen in die göttliche Führung,
- den Weg seines Herzens zu gehen,

- Verbindung zum eigenen Herzen, zur göttlichen Quelle und zur Erde,
- den Intuitionen, Durchsagen und dem Herzen zu vertrauen und zu folgen,
- eine hohe Wahrnehmungsfähigkeit,
- Wissen über die kosmischen Gesetze und den Aufstieg in die Fünfte Dimension,
- eine hohe Eigenschwingung, die sich aber bei der Erfüllung der vorangegangenen Punkte von selbst einstellt.

Stille Lichtarbeiter

Ein Lichtarbeiter muss nicht zwingend in einem heilenden oder medialen Beruf, im Gesundheitswesen oder sozialen Bereich arbeiten, er kann genauso gut einer anderen Tätigkeit nachgehen. Jedoch durch seine besondere Ausstrahlung, sein göttliches Sein, seine spezielle Gabe und seine Art zu leben zeigt er seinen Mitmenschen, wie sie aus reinem Herzen leben können. Er ist ein Vorbild der Neuen Energie, der Neuen Welt. Jedoch fallen die stillen Lichtarbeiter nicht so auf wie die Lichtarbeiter, die in der Öffentlichkeit stehen oder in einem Beruf im spirituellen und gesundheitlichen Bereich arbeiten.

Für alle Lichtarbeiter ist es Vorraussetzung, in Liebe, der göttlichen Quelle dienend und aus reinem Herzen zu handeln. Sie geben sich bewusst der göttlichen Führung hin und folgen dem Ruf ihres Herzens.

Lichtboten

Lichtboten haben die göttliche Aufgabe bekommen, als Vermittler der göttlichen Energien zu fungieren. Sie haben die Fähigkeit, in wichtigen Situationen Licht und Liebe in ihr Umfeld und durch sich strömen zu lassen. Sie müssen nichts „Besonderes" dafür tun, um diese Fähigkeit zu erlangen, sie haben sie bereits in sich. Diese Gabe kann man nicht erlernen, sie ist gottgegeben. Damit diese Seelen als göttliche Lichtboten arbeiten können, müssen sie ein reines und offenes Herz haben und bereit sein, sich der göttlichen Führung vollkommen anzuvertrauen.

Befinden sich die göttlichen Lichtboten unter Menschen, für die es wichtig ist, diese Energien zu empfangen, verbindet sich ihre Seele automatisch mit der göttlichen Quelle, und die Energien fangen an, durch sie zu fließen. Die göttlichen Energien strömen in ihr Umfeld und erreichen diejenigen, die diese Energien für ihre Heilung und Transformation benötigen. Es kann auch sein, dass die Situation als solche nach diesen göttlichen Energien verlangt, damit sich Spannungen, wie zum Beispiel aufgeheizte Emotionen, abschwächen oder sogar gelöst werden.

Werden göttliche Energien verströmt, geschieht das unabhängig von einem bewussten Handeln des Lichtbotens. Er muss jedoch flexibel sein und sich dieser Situation vollkommen anpassen und seiner göttlichen Aufgabe hingeben. Oft sind diese Momente nicht vorhersehbar. Es kann aber auch sein, dass sie Botschaften erhalten, auf bestimmte Veranstaltungen oder Feste zu gehen, um dort ihrer göttlichen Aufgabe nachkommen zu können. Die persönliche Entscheidung rückt dadurch in den Hintergrund. Was wichtige Situationen im Sinne der Transformation der Menschheit und der Erde sind, wird von der göttlichen Quelle selbst entschieden. Auch die Wahl der eventuell zusätzlichen Heilenergien liegt in ihrer Hand.

Durchfließt die göttliche Liebe den Lichtboten, ist es ein erhebendes und glückliches Gefühl für ihn, denn er spürt die Kraft der Liebe und die Einheit mit der göttlichen Quelle. Seine Eigenschwingung wird angehoben, und er beginnt, von innen zu leuchten. Alles wird in den Hintergrund gestellt, nur die Verbindung und Vermittlung zur göttlichen Liebe sind in diesem Moment wichtig. Dies ist als ein goldweißes Strahlen aus der Mitte des Herzens zu erkennen, das alle energetischen Körper und die Aura des Lichtbotens überstrahlt. Er ist in dem Moment die göttliche Liebe selbst.

Dieses besondere Strahlen sehen wir auch heute noch auf früheren Abbildungen von Maria und Jesus; ihr Herz ist umgeben von Strahlen. Bei den Lichtboten ist dieses Strahlen so stark, dass der Mensch in seiner Energie als solches nicht mehr zu erkennen ist. Er ist vollkommen eins mit Allem-was-ist. Ist der Lichtbote ein sehr feinfühliger Mensch, kann er dieses Fließen durch sich wahrnehmen. Es können zu den Basisstrahlen in Gold und Weiß auch andere Farben und Energien hinzukommen, zum Beispiel grüne Heilenergien von Erzengel Raphael, orange-hellblaue Kraftenergien von Lord Melchisedek, rosa Liebesenergien von Mutter Maria oder blaue Friedensenergie von Erzengel Michael, je nachdem, welche Energien die Situation verlangt und die Menschen für ihre Heilung benötigen.

Meistens sind die Lichtboten bereits einen langen Weg der Transformation gegangen, um diese Berufung zu erkennen und ihr zu folgen. Viele haben vielleicht bis jetzt noch nicht erkannt oder wahrgenommen, dass sie Botschafter des Lichts sind. Doch wenn der richtige Zeitpunkt gekommen ist, werden auch sie es erfahren.

Die unbewusste Aussendung von Transformationsenergien

Zu der Vermittlung von Licht und Liebe in wichtigen Situationen transformieren die Lichtboten automatisch ihre Umgebung und Mitmenschen, indem sie einfach „nur" SIND. Ihre intensive Ausstrahlung und hohe Schwingung befähigen sie, die Menschen in ihrem Umfeld zu wandeln, ohne dass diese es wirklich bemerken. Diese hohe Schwingung erreichen sie, indem sie mit ihrer Seele und der göttlichen Quelle verbunden sind und dem Weg ihres Herzens folgen. Ihr Anspruch an sich selbst ist sehr hoch, denn sie versuchen immer, nach den kosmischen Regeln zu leben.

Mit ihrer Fähigkeit der automatischen unbewussten Transformation anderer lösen sie jedoch nicht nur positive, sondern auch negative Reaktionen bei ihren Mitmenschen aus. Das hat zur Folge, dass manche Menschen ihnen gegenüber abwehrendes oder verletzendes Verhalten zeigen. Nicht jeder, der sich in der näheren Umgebung eines Botschafters des Lichts befindet, ist davon begeistert, transformiert zu werden, und so nimmt er erst einmal eine innere Abwehrhaltung ein. Er kann sich zwar einige Zeit vor diesen transformierenden Energien schützen, aber auf lange Sicht bringt das nichts, die Transformation tritt ein, ob er will oder nicht.

Nicht immer sind also die Verhaltensweisen der Mitmenschen die Reaktion auf die „persönlichen" Gefühle eines Lichtboten, sondern eine Reaktion auf die göttlichen kraftvollen Energien, die ein Lichtbote aussendet und eine somit Transformation in seinem Umfeld hervorruft.

Lichtboten transformieren, indem sie „einfach nur" SIND! Zum Glück gibt es auch Mitmenschen, die positiv auf die transformierenden Energien eines Lichtboten reagieren und dankbar die göttlichen Energien für die eigene Heilung und Transformation empfangen. Weist ein solcher Mensch jedoch bereits eine hohe Schwingung auf, unterstützen sich beide durch ihre Energien gegenseitig, indem sie gemeinsam ihre Schwingung erhöhen, ihre lichtvollen Energien stärken und sich in ihrer Heilung unterstützen.

Die Kristalltransformer

Einige Lichtarbeiter haben die Fähigkeit, als Kristall-transformer zu arbeiten, was bei ihnen bewusst oder auch unbewusst ablaufen kann. Ihre Aufgabe ist es, die ein-fließende Kristallenergie der Fünften Dimension in sich, in ihren Zellen und in ihrem Herzzentrum zu speichern, um sie dann bei gegebenem Anlass zu verteilen. Zudem haben sie die Gabe, die gespeicherte Kristallenergie so umzuwandeln, dass sie sich genau in die Schwingung und heilende Energie verwandelt, die von ihrem Umfeld benötigt wird. Das geschieht aber nur, wenn es die Situa-tion verlangt oder die Transformation des Empfangenden vorsieht. Dabei handelt es sich nicht nur um unsere Mit-menschen, sondern auch um Tiere, Pflanzen, die Natur, unser Umfeld und die Energien zwischen den Ebenen, die diese wunderbare Kristallenergie in ihrer für sie benötigten individuellen Form empfangen können.

Zudem haben die Kristalltransformer noch die Fähig-keit, niedere Energien in ihrem Umfeld in höhere umzu-wandeln. Sie nehmen die Energien von außen in sich und ihre Zellen auf und transformieren sie in die nächsthöhere Energieform. Ist die Energie umgewandelt, wird sie wieder nach außen abgegeben. Diese Fähigkeit wird meistens bei energetisch verschmutzten Räumen eingesetzt und ist besonders wichtig nach Auseinandersetzungen oder Diskussionen, die auf der Egoebene abgelaufen sind. Die energetische Reinigung hilft auch bei Energien von Trau-er und Leid, Kummer, Missbrauch und Unterdrückung, die sich in Räumen manifestieren können. Diese Fähigkeit der Kristalltransformer bedarf schon einer sehr weit fortgeschrittenen Eigenwahrnehmung. Vor allem müssen sich die Kristalltransformer genau in der Arbeit mit verschiedenen Energien sehr gut auskennen, sonst besteht die Gefahr, dass sie entweder zu viele fremde Energien aufnehmen und bei sich behalten, oder zu viel eigene Energie abgeben.

Vielen Kristalltransformern ist bis jetzt noch nicht bewusst, dass sie diese Fähigkeiten der energetischen Raumreinigung in sich tragen, geschweige denn, dass sie um ihre Gabe als Kristalltransformer wissen.

Die Eigenschwingung der Kristalltransformer hat sich bereits der Kristallenergie angepasst. Ihr Körper hat sich so weit zum Lichtkörper transformiert, dass er leicht mit den neu einströmenden Energien des Kosmos umgehen kann. Da sie die Kristallenergie und die göttliche Liebe immer in sich tragen, strahlen sie so viel Licht nach außen, dass sie ihr Umfeld mit diesen göttlichen Energien immer erhellen.

Viele Kristalltransformer, aber auch Lichtarbeiter, besitzen zudem noch die Fähigkeit eines Aktivators. Durch diese stete Ausstrahlung von Licht und Liebe aktivieren sie vieles in ihrem Umfeld, das ihren Mitmenschen hilft, weiter den Weg des Herzens zu gehen.

Wie können die Kristalltransformer Energien transformieren?

Die Kristalltransformer tragen eine spezielle energetische Vorrichtung in sich, – einen sogenannten kybernetischen Körper aus göttlicher Sternenenergie, der vor ihrer jetzigen Inkarnation in ihnen installiert wurde und nun, in der Zeit des Erwachens und des Aufstiegs, in ihren Zellen aktiviert worden ist. Dieser kybernetische Körper wandelt die niedrig schwingenden Energien in Kristallenergie um.

Lehrer für die Neue Energie

Lehrer der Neuen Energie sind Lichtarbeiter, die sich zur Verfügung gestellt haben, den Menschen die Neuen Energien und Verhaltensweisen der Fünften Dimension näherzubringen. Sie zeigen ihnen, wie sie sich transformieren können, um in die Fünfte Dimension einzutreten und dort zu leben. Sie weisen sie unter anderem auf alte Verhaltensmuster und Programme hin, helfen ihnen, ihre Blockaden aufzulösen, fördern ihre Selbsterkenntnis und Wahrnehmung, damit sie wieder in göttlicher Harmonie und innerem Frieden leben können. Sie geben ihnen Techniken an die Hand, die ihnen in schwierigen Situationen helfen, Krisen zu überwinden. Das Wichtigste aber ist, dass sie ihnen helfen, ihr Herz wieder zu öffnen, denn nur mit offenem und reinem Herzen, das wieder göttliche Liebe empfinden kann, erhalten sie das Ticket in die neue Welt der Fünften Dimension.

Die Lehrer der Neuen Energie arbeiten unter anderem als Heiler, Engeltherapeuten, spirituelle Lebensberater, Channelmedien, Seminarleiter für spirituelle Weiterentwicklung, Schamanen, Geomanten, Autoren, die im Stillen arbeiten und/oder als öffentliche Lichtarbeiter bei Vorträgen, in Seminaren und Lesungen auftreten. Sie haben eine sehr wichtige Funktion bei dem Aufstieg der Erde in die Fünften Dimension, da sie den Menschen Impulse, Informationen, Motivationen und Hinweise für ihre persönliche Weiterentwicklung liefern. Dabei ist es wichtig, dass der Ratsuchende immer die freie Wahl hat und seine Angst nicht geschürt oder er unter Druck gesetzt wird.

Es gibt viele Arten, den Weg der Transformation zu gehen, und genauso viele Möglichkeiten sollten den Menschen angeboten werden. Jeder Mensch ist ein Individuum und hat seinen eigenen Weg vor sich. Dazu benötigt er individuelle Impulse, Informationen und Heilmethoden von außen. Die eine Seele braucht schamanische Rituale, die andere eher Engelkontakte und Readings, je nachdem, was für ein Typ Mensch er ist und welchen Ursprung und Herkunft die Seele hat. Auch was er in seinem Leben bisher erlebt hat, spielt eine große Rolle bei der Auswahl der Heilungsangebote.

Die Lehrer der Neuen Energie, besonders die, die in der Öffentlichkeit stehen, wie zum Beispiel viele Autoren, haben eine gesonderte Stellung in diesem Bereich der Lichtarbeit, da sie durch ihre Präsenz sehr vielen Menschen zur „Verfügung" stehen. Einerseits haben die Autoren die einzigartige Möglichkeit, viele Menschen mit ihren Durchsagen, Informationen und ihrem göttlichem Wissen zu erreichen und ihnen zu helfen, andererseits stehen sie der großen Aufgabe gegenüber, sich mit vielen Menschen in der Öffentlichkeit auseinanderzusetzen und zu verbinden.

Bei einem Zusammentreffen mit vielen Menschen, zum Beispiel bei Vorträgen, werden verschiedene Energien durch die erhöhte Aufmerksamkeit beim Zuhören und Zusehen auf den Vortragenden gerichtet. Das geht auch anderen Menschen so, die in der Öffentlichkeit stehen, siehe Kapitel „Die energetische Welle der Gedanken", jedoch haben die Lichtarbeiter eine so hohe Sensitivität gegenüber ihrer Umwelt und anderen Energien entwickelt, dass sie mehr wahrnehmen als „normale" Vortragende. Deswegen ist es wichtig für sie zu wissen, wie sie damit umgehen. Im besten Fall werden die fremden Energien, die schaden könnten, schon im Vorfeld durch die liebende und leuchtende Ausstrahlung des Referenten in Licht und Liebe transformiert und die positiven verwendet und angenommen.

Bücher, CDs und DVDs stellen eine wichtige Informationsquelle dar. Zu Hause können wir die Bücher in Ruhe durchlesen, DVDs anschauen und CDs anhören, ohne unter Druck und Erwartung anderer zu stehen. Wir haben die Wahl, ein Buch weiterzulesen, es beiseitezulegen oder erst gar nicht in die Hand zu nehmen. Jeder sollte dabei immer auf seine Intuition hören und ihr folgen. Wir können uns darauf verlassen, dass wir immer genau das Buch erhalten, das wir gerade lesen sollten, um wieder einen Schritt in unserer spirituellen Entwicklung weiterzugehen.

Das Gleiche gilt auch bei der Auswahl eines Heilers, Lebensberaters, Energiearbeiters, Heilpraktikers, Arztes, um nur einige Berufe aus dem Gesundheits- und Heilbereich zu nennen. Der Behandler sollte von dem Ratsuchenden selbst ausgewählt werden. Ein wahrer Lehrer der Neuen Energie lässt seinem Klienten die freie Wahl, wieder zu ihm zur Behandlung zu kommen und setzt ihn nicht unter Druck oder löst Ängste bei ihm aus. Oft werden die Klienten in eine Abhängigkeit gedrängt, und es wird ihnen suggeriert, dass nur die eine „besondere" Behandlung jetzt bei ihnen helfen würde. Einen guten Lehrer erkennt man unter anderem daran, dass er hilft, wieder in die eigene Mitte zu kommen, Techniken an die Hand gibt, die in Krisen weiterhelfen, und lehrt, wie Entscheidungen aus dem Herzen heraus getroffen werden können. Er trägt dafür Sorge, dass der Klient sich selbst und seiner Intuition wieder vertraut, seinen Selbstwert und die Schönheit in sich erkennt und die dort verborgenen Schätze annimmt und lebt.

Lehrer der Neuen Energie sind lichtvolle Begleiter auf dem Transformationsweg ihrer Klienten und Mitmenschen. Sie sind wahrliche göttliche Helfer der Menschen, da sie ihnen die Wertschätzung entgegenbringen, die sie so dringend benötigen, um den Glauben an sich und an das Gute im Menschen wieder aufleben zu lassen. Die Lehrer der Neuen Energie der Fünften Dimension haben eine sehr starke Aura und eine intensive Kraft, die aus ihrer Seele strahlt. Sie sind dazu auserwählt, die Neuen Energien ihren Mitmenschen vorzuleben, und Vorbilder und Vorreiter der neuen Welt.

Die Kinder der Neuen Zeit nehmen eine gesonderte Stellung in diesem Bereich ein, da sie von Geburt an Lehrer der Neuen Energie sind. Sie spiegeln unsere alten Muster und Programme wider und leben uns das neue Bewusstsein vor. Indem sie SIND, lehren sie uns das Neue.

Künstler des Lichts

Künstler des Lichts sind Lichtarbeiter, die sich der bildenden und darstellenden Kunst gewidmet haben und als Vermittler für göttliche Energien in diesem Bereich tätig sind. Wie auch die Lichtarbeiter, sind die Künstler des Lichts Lichtarbeiter der schönen Künste und arbeiten aus tiefster Berufung. Sie haben die Fähigkeit, Botschaften und Informationen aus der Lichtebene in Form von Bildern, Tönen, Klängen, Worten und Gefühlen den Menschen zu übermitteln.

Diese Künstler des Lichts haben eine große Aufgabe angenommen, denn sie erreichen mit ihren Werken auf verschiedenen Ebenen viele Menschen. Sie bewirken mit ihrer Darstellung oder ihren Werken eine besondere Heilung bei ihnen. Über die Schöpfung der Kunst entsteht eine stille Kommunikation zwischen dem Empfangenden und dem Sendenden, zum Beispiel zwischen dem Musizierenden und dem Hörenden. Betrachten wir ein Bild, baut sich eine besondere Kommunikation zwischen dem Bild und uns auf. Das Unterbewusstsein, der Geist, die Gefühle und das Herz empfangen die Botschaften und Schwingungen, die dieses Bild aussendet, und die Energie des Betrachters verändert sich. Ist die Bildende Kunst aus reinem Herzen erschaffen worden, kann der Betrachter ohne Bedenken sein Herz öffnen, um die heilenden Schwingungen, die von diesem Bild ausgehen, zu empfangen und für seine Transformation zu nutzen. Diese eingehenden Informationen werden in unserem Unterbewusstsein und in der DNA gespeichert, egal, ob sie jetzt oder später für die persönliche Transformation gebraucht werden. Dieser Vorgang geschieht bei der darstellende wie bei der bildenden Kunst. Deswegen sollten wir darauf achten, in welches Theaterstück wir gehen, welche Bilder wir betrachten und welche Musik wir hören, denn alles beeinflusst uns, Negatives wie Positives.

Künstler des Lichts erkennt man an ihrem offenen Herz haben und ihrer hohen Eigenschwingung. Ihre Kunst bringt uns Freude, sendet heilende, hoch schwingende Energien aus und unterstützt uns auf unserem lichtvollen Weg in die Fünfte Dimension. Es gibt bereits viele Künstler des Lichts auf unserem Planeten, jedoch wirken viele noch im Verborgenen und trauen sich nicht, nach außen zu gehen. Sie brauchen noch ein wenig Zeit, um ihre göttliche Aufgabe voll und ganz anzunehmen und ihrer Berufung als Künstler des Lichts zu folgen. Hoffen wir, dass sich immer mehr lichte Seelen trauen, diesen Weg nach außen zu gehen, damit die Welt in ihrem Aufstiegsprozess unterstützt wird.

Göttliche Vermittler der Lehrer der Neuen Energie und der Künstler des Lichts

Göttliche Vermittler der Lehrer der Neuen Energie und der Künstler des Lichts sind diejenigen, die ihnen helfen, ihr Wissen zu veröffentlichen, zu verbreiten und „an den Mann" zu bringen, damit so viele Menschen wie möglich die Chance erhalten, einen individuellen Weg für ihren Aufstiegsprozess zu finden. Die göttlichen Vermittler können helfende Bekannte und Freunde sein, die die Lichtarbeiter und Künstler weiterempfehlen und unterstützen. In den meisten Fällen sind es aber Verlagsleiter und ihre Mitarbeiter, Musik- und Filmproduzenten, Agenten und Unterstützende von bildenden und darstellenden Künstlern des Lichts, Organisatoren spiritueller Events und Veranstaltungen.

Diese Menschen helfen, dass die göttlichen Kräfte, die Spiritualität und das Wissen der Lehrer der Neuen Energie und der Künstler des Lichts so vielen Menschen wie möglich zugänglich gemacht wird. Sie zeigen dabei großen Mut, Vertrauen und Zuversicht, denn sie stellen sich hinter die Lichtarbeiter und stehen für Spiritualität, Esoterik, neue Sichtweisen, neue Gesellschaftsformen und göttliche Liebe ein. Somit outen sie sich in der Öffentlichkeit, was vor einigen Jahren noch nicht selbstverständlich und gesellschaftsfähig war, und manchmal ist es leider auch heute noch so. Ein großer Dank aus der Lichtebene an alle göttlichen Vermittler.

Göttliche Lehrer und Vermittler der Kinder

Göttliche Lehrer der Kinder

Göttliche Lehrer sind erwachte und bewusst lebende Menschen, die an ihrer eigenen Transformation arbeiten und um die Egostrukturen der Gesellschaft und das veraltete Schulsystem in unserem Land wissen. Sie versuchen, den Kindern der Neuen Zeit so gut wie möglich zu helfen, indem sie zwischen der Dritten, Vierten und Fünften Dimension vermitteln.

Die göttlichen Lehrer sind goldene Lichtpunkte, die als fürsorgende Anlaufstellen für die Schüler zur Verfügung stehen. Sie geben den Kindern Struktur, damit diese sich in der noch vorherrschenden Welt der Dritten Dimension zurechtfinden können, und erklären ihnen, warum ihre Schulkameraden und Mitmenschen ihre Reaktionen in bestimmten Situationen nicht verstehen und sich ihnen gegenüber dementsprechend verhalten. Sie helfen ihnen bei Problemen und geben ihnen neue Impulse, damit sie an sich arbeiten können.

Die Lehrer unterstützen die Schüler in ihrer Bewusstseinserweiterung und begleiten sie auf ihrem Weg. Die Schüler werden als eigenständige Wesen angesehen und in ihrem Sein geachtet, und die Lehrer nehmen ihre Ideen und Sichtweisen ernst. Sie widmen sich ihren Schülern und geben ihnen die Aufmerksamkeit, die sie brauchen. Sie lösen Konflikte auf eine neue Art und Weise, unterstüt-

zen die Schüler in ihrem Sein und fördern ihre individuellen Fähigkeiten.

Neue Schulen

Das neue Schulwesen wird neue Bildungssysteme beinhalten, in denen alle Kinder und Jugendliche gleich gefördert werden. Neue Schulfächer werden eingeführt, und
die Art und Weise, wie die Schüler unterrichtet werden,
wird sich sehr von dem alten Schulsystem unterscheiden.

Die neuen Schulen werden in Zusammenarbeit mit
den bereits erwachsen gewordenen Kindern der Neuen
Zeit entwickelt. Diese bilden den Kern dieses wichtigen
Projekts, und ein neues Institut zur Entwicklung neuer Le-
bens- und Bildungsformen wird eigens dafür entstehen.

In einer Schule der Fünften Dimension können die
Schüler ihrer göttlichen Aufgabe schon in jungen Jahren
nachkommen. Es gibt keine Bewertungen mehr im her-
kömmlichen Stil, und der Leistungs- und Zeitdruck wird so
von den Kindern abfallen. Eigenständigkeit bei der Entwicklung eigener Ideen, Bewusstseinserweiterung, Per-
sönlichkeitsentwicklung, Wertschätzung und Achtung werden unter anderem neue Schulfächer sein. In Liebe und in
Frieden mit sich und den Mitmenschen zu leben, werden
die wichtigsten Ziele im Lehrplan.

Göttliche Lehrer unterstützen die Schüler, neue Strukturen und Lebensformen zu entwickeln, neue Technologien zu erforschen und neue Lebensweisen im Umgang

mit der Erde, den Tieren und den Menschen zu finden.

Diese Schulen sind kleine Universitäten, Akademien oder Institute. Die Kinder der Neuen Zeit haben bereits so viel altes Wissen in sich, so viel Weisheit, dass sie sehr gut selbst Lehrer sein könnten, nicht nur für ihre Schulkameraden, sondern auch für die Erwachsenen.

Lehrer der Neuen Zeit

Die göttlichen Lehrer der Kinder haben gute Chance, auch die Lehrer der Neuen Zeit zu werden, wenn sie sich für diesen Weg entscheiden. Sie helfen, neue Schulsysteme und Lehrformen zu entwickeln, und sind aktiv bei der Übergangszeit von der alten zur neuen Schule dabei.

Bis ein neues Schulsystem entwickelt ist, werden sich zukünftig viele Eltern dafür entscheiden, ihre Kinder selbst zu unterrichten. Sie und/oder die Lehrer der Neuen Zeit erteilen den Kindern alleine oder in kleineren Gruppen Unterricht. Gemeinschaften zur Förderung neuer Bildungsformen werden geschlossen. Hier geht es immer um das höchste Wohl aller, aber besonders um das der Kinder und Jugendlichen, die uns helfen, eine neue Lebensform zu entwickeln. Die Zeichen der Zeit stehen auf Entwicklung, Veränderung und Frieden. Wir alle sind auserwählt, diesen neuen Weg der Liebe und des Herzens zu gehen. Wie glücklich können wir uns schätzen, die wunderbarsten Geschöpfe der Erde, unsere Kinder, unter uns zu wissen, die uns dabei helfen, eine neue Welt in Frieden und Liebe aufzubauen. Seien wir mutig und wagen diesen Schritt in eine neue Zukunft.

Göttliche Vermittler der Kinder

Göttliche Vermittler der Kinder sind Menschen, die sich bereits auf dem Weg ihres Herzens befinden und die Rolle des Vermittlers von der Dritten zur Fünften Dimension und umgekehrt übernommen haben. Sie müssen nicht immer eine Lehrfunktion innehaben, sondern es können auch Verwandte, Freunde, Bekannte, Heiler, Heilpraktiker, Lichtarbeiter oder andere lichtvolle Seelen sein.

Die Kinder der Neuen Zeit haben oft Schwierigkeiten, das Verhalten und Handeln Erwachsener der Dritten Dimension zu verstehen. Sie sehen ihr Verhalten als nicht logisch. Göttliche Vermittler verstehen die Kinder und können ihre neuen Sichtweisen und Handlungen nachvollziehen. Sie spüren, was wirklich in ihnen vorgeht und können ihnen so helfen. Meistens sind die göttlichen Vermittler selbst Indigo-Erwachsene oder haben schon ähnliche Anteile in sich aktiviert und/oder die Kristallenergie in ihren Körper integriert. Sie wissen über die eventuell auftauchenden Probleme, die im Umgang mit der alten Welt entstehen können, Bescheid.

Es geht nicht darum, dass die göttlichen Vermittler immer in ihrer Nähe und dauernd „verfügbar „ sind, sondern im Wesentlichen darum, dass sie zum richtigen Zeitpunkt am richtigen Ort mit den Kindern zusammentreffen und durch ihr Sein, durch ein Gespräch, eine Geste oder ihr Verhalten den Kindern zu verstehen geben, wie die Welt in der Dritten Dimension funktioniert. Auch geben sie ihnen Mut, weiter ihren Weg des Herzens zu gehen und ihrer göttlichen Aufgabe zu folgen.

Die göttlichen Vermittler der Kinder haben eine sehr warme Ausstrahlung. Bei einem Zusammentreffen mit den Kindern erstrahlen aus ihrem Herzen gold-blaue Strahlen, die die Kinder umfangen und sie in Geborgenheit hüllen. Die gold-blauen Strahlen können mit anderen Heilfarben, je nachdem, welche das Kind benötigt, durchwirkt sein. Es findet in dieser besonderen Begegnung ein intensiver Energieaustausch zwischen dem göttlichen Vermittler und dem Kind/Jugendlichen statt, nämlich ein ausgewogenes Geben und Nehmen auf der Seelenebene, in Liebe und Dankbarkeit. Beide werden positiv voneinander beeinflusst.

Die göttlichen Vermittler der Kinder und die jeweiligen Zusammentreffenden stehen unter dem Schutz von Erzengel Michael und Mutter Maria. Sie werden von ihnen göttlich geführt und gestärkt. Ein Kind/Jugendlicher der Neuen Zeit kann sich besonders glücklich schätzen, mit einem göttlichen Vermittler verwandt oder befreundet zu sein. Auch wenn sie sich vielleicht nicht regelmäßig sehen, wissen sie um das Dasein des anderen. Ihre Seelen haben sich entschlossen, eine zeitlang einander zu begleiten. Kennzeichnend für diese besondere Beziehung ist das rosa-goldfarbene Band, das sie miteinander verbindet.

Nicht nur den Kindern der Neuen Zeit helfen die göttlichen Vermittler und Lehrer, sondern auch den Kindern und Jugendlichen, die die Kristallenergie beziehungsweise die Energien der Fünften Dimension noch nicht in sich integriert haben. Die göttlichen Vermittler helfen ihnen, indem sie sie unterstützen, den Weg ihres Herzens zu gehen, sie in ihrem Selbstwert stärken und ihnen neue Perspektiven und Möglichkeiten aufzeigen, ihr Leben neu zu leben. Sie klären sie über die nicht sichtbaren Dinge, ihre Bewusstseinsentwicklung und die Neuen Energien der Fünften Dimension auf. Ebenso erklären sie ihnen die Zusammenhänge zwischen Körper, Seele, Geist, Herz und Ego und bringen ihnen die Thematik näher, dass alle Probleme einen seelischen Ursprung haben und sie die Macht besitzen, diese Blockaden aufzulösen. Sie zeigen ihnen, wie sie ihre wahren Herzenswünsche erfüllen können, lassen die Kinder den wahren Wert ihres Selbst spüren und unterstützen sie, ihre göttliche Größe zu leben.

Der Aktivator

Der Aktivator ist ein Lichtarbeiter, der bei seinen Mitmenschen bestimmte Energien aktiviert, damit diese leichter ihren lichtvollen Weg gehen können. Auch hilft er ihnen in bestimmten Phasen ihres Lebens, indem er sie in die richtige Richtung stupst, einen inneren Schalter umzulegen. Die vom Lichtarbeiter ausgesendete Energie bildet beim Zusammentreffen der Energie des Empfangenden kleine Funken, die eine Initialzündung bei dem Betreffenden auslösen. So werden Blockaden aufgelöst, die bis jetzt verhindert haben, dass Energien wieder fließen oder bestimmte Ereignisse eintreten können. Die meisten Lichtarbeiter haben diese „Aktivierungsfähigkeit" in sich. Nicht nur Menschen können von diesen Aktivierungsenergien profitieren, sondern auch Tiere, Pflanzen, Orte, Räume und vieles mehr. Es ist ein energetischer Vorgang, der bei dem Lichtarbeiter meistens unbewusst abläuft. Alleine durch sein authentisches Sein, sein reines Herz und die Verbindung zur göttlichen Quelle kann er diese Fähigkeit in sich aktivieren.

Der Erwecker

Der Erwecker ist ein Lichtarbeiter, der die Gabe besitzt, seine noch „schlafenden" Mitmenschen zu erwecken. Er trägt eine Kraft in sich, die sein Umfeld aus den einschläfernden Energien des Massenbewusstseins der Dritten Dimension wachrüttelt. Dies kann für einen kurzen oder für einen längeren Zeitraum sein. Die Menschen erhalten durch einen Erwecker kurzzeitig mehr Bewusstsein für sich selbst und die göttliche Wahrheit in ihnen. Sind die Menschen innerlich für eine Transformation bereit, werden sie die Aktionen des Erweckers und die daraus resultierende Wachheit für ihren Ausstieg aus der Dritten Dimension nutzen. Dieser Ausstieg ist nicht mit einem Mal zu vollziehen, aber der erste Schritt in die Richtung des göttlichen Lichts kann getan werden. Diese kurze Desillusionierungsphase ist ein kleines Geschenk Gottes und ein kurzes lichtvolles Zeitfenster im Raum-Zeitgefüge, damit die Menschen eine Chance erhalten, das Licht Gottes in sich wahrzunehmen.

Botschaft von Hilarion

Seid gegrüßt, ihr lichtvollen Seelen,

ja, ihr habt richtig gelesen, eure Seelen sind alle so voller Licht, dass es für das menschliche Auge zu strahlend wäre, um es zu erfassen. Ich bin heute zu euch gekommen, um euch an eure göttliche Aufgabe im großen Ganzen zu erinnern. Ihr alle seid auf diese wunderschöne Erde gekommen, um den Aufstiegsprozess der Erde und der Menschheit zu unterstützen. Ihr alle stimmtet einer euch individuellen Aufgabe zu, um euren Teil dafür zu leisten. Viele wundervolle und einzigartige Fähigkeiten stecken in euch, und langsam tritt eine neue Schwingung in eure Atmosphäre ein, die euch ermöglicht, diese auch zu leben. In einem Tempo, in dem ihr euch wohlfühlt, werden sich neue Gaben eures Selbst zeigen. Durch einen „Zufall", eine Begebenheit, einen Traum oder Ähnliches werdet ihr eure neuen Fähigkeiten entdecken. Alles geschieht in einer göttlichen Leichtigkeit und Freude.

Die ersten Lichtarbeiter erreichen nun eine Phase des Vorlebens der Neuen Energie, sie haben den schwierigsten Teil der Transformation bereits hinter sich. Was jetzt noch als Blockade oder als Problem erscheint, sind die Nachwehen dessen. Lasst euch nicht davon beirren, es ist pure Illusion eures Egos, das nach wie vor versucht, euch zu locken. Das Ego wird immer ein Teil von euch sein, deswegen nehmt es an, lasst es einfach sein und umarmt es. Mit der Zeit wird sich dieser Seelenanteil der Dritten Dimension auch in eine höhere und feinere Ener-

gie umwandeln. Bedankt euch bei ihm, denn es hat euch geholfen, dorthin zu kommen, wo ihr jetzt steht. Betrachtet ihn als alten Freund, dem ihr nun auch die Chance geben solltet, zu transformieren.

Die Erde taucht nun in eine neue Ära ein, die euch gänzlich neue Möglichkeiten bietet, euer Bewusstsein, eure Seele und eure Herzensliebe in neuen Energien und Dimensionen erleben zu dürfen.

Nicht alle sind dazu auserwählt, in Zeiten des Aufstiegsprozesses als „professionelle" Lichtarbeiter mitzuwirken. Das hat mehrere Gründe. Viele Seelen haben sich einen langsameren Weg der Transformation ausgesucht, denn sie würden der rasanten spirituellen Entwicklung eines Lichtarbeiters nicht standhalten können und vielleicht sogar daran zugrunde gehen. Einige Seelen haben eine andere individuelle Aufgabe in dem großen Wandel der Zeit übernommen, die genauso wichtig ist wie die der Lichtarbeiter, aber einen anderen Bereich, eine andere Tätigkeit und/oder andere Ebenen abdeckt.

Des Weiteren gibt es Seelen, die es wahrscheinlich in ihrem jetzigen Leben nicht mehr schaffen, sich in den Aufstiegsprozess der Fünften Dimension zu begeben. Sie haben sich für einen anderen Weg entschieden. Jedoch spielen alle Menschen, die zurzeit auf eurem Planeten verweilen, eine Rolle in der Entwicklung und beim Aufstieg der Erde.

Lichtarbeiter wurden aufgrund ihres Mutes, ihrer Kraft, ihrer Einsatzbereitschaft und ihrer Toleranz auf euren Planeten gesandt, um anderen Seelen in ihrer Transformation zu helfen. Sie respektieren den freien Willen jeder Seele, auch wenn diese nicht den lichtvollen Weg des Herzens gehen möchte. Die Lichtarbeiter haben den Mut, eine neue Richtung in der Gesellschaft einzuschlagen, und die Kraft, sich allein aus dem Massenbewusstsein der Dritten Dimension zu lösen, denn sie haben die Motivation und den Wunsch, in der Fünften Dimension zu leben. Sie bieten ihren Mitmenschen ihre Hilfe an, damit auch diese die Möglichkeit haben, in höher schwingende Ebenen der Fünften Dimension aufzusteigen. Kein Einziger wird von uns allein gelassen, wir sind immer für euch da!

In göttlicher Liebe und Zuneigung,
Hilarion, Meister der Weisheit der Herzen

Hl. Franziskus von Assisi
Tiere, die kleinen Lichtboten

Alle Tiere, die momentan auf unserer Erde leben, sind kleine Lichtboten. Sie haben die wichtige Aufgabe, wie auch die Elementarwesen, Licht und Heilung in die Welt zu bringen und das Gleichgewicht in der Tier- und Pflanzenwelt aufrechtzuerhalten beziehungsweise wiederherzustellen. Tiere leben auf einer besonderen energetischen Ebene, die wir nicht in Dritte, Vierte oder Fünfte Dimension einteilen können. Es ist eben die Tierebene, die zuerst ebenfalls eine Transformation erfährt. Werden die Aufgaben von den Tieren in ihrem Leben erfüllt, haben sie ebenfalls die Chance, in eine höhere Ebene aufzusteigen.

Tiere haben die angeborene Fähigkeit, sich in verschiedenen Ebenen zurechtzufinden und sich gegebenenfalls einer anderen Schwingung anzupassen. Es gibt verschiedene Tierreiche, die in unterschiedlichen Ebenen leben. Die individuelle Schwingung einer Tierebene hängt von den göttlichen Aufgaben der Tierseelen und den vier Elementen ab, in der sie sich bewegen. Delfine zum Beispiel leben in einer anderen Dimension als Löwen oder Fledermäuse. Jedoch sind die unterschiedlichen Tierebenen/Tierdimensionen so fein und facettenreich in ihrer Andersartigkeit, dass wir sie nicht in unsere gewöhnlichen Vorstellungen einteilen können. Ebenso haben sie aber auch die Fähigkeit, sich der „Menschenebene" anzupassen und gegebenenfalls mit in die Fünfte Dimension auf-zusteigen. Sie warten eher ab, was passiert und passen sich dann an.

Tiere haben eine sehr hohe Wahrnehmungsfähigkeit und können Lichtwesen, dunkle Wesen, Verstorbene oder andere Energien spüren. Sehr spürig sind sie auch bei Wetterveränderungen und Einstrahlung kosmischer Ener-gien, wie zum Beispiel Sonnen- und Mondfinsternis oder auch Erdbeben- oder Sturmflutenergien, um nur einige zu nennen. Sie fühlen schon viel früher als wir Gefahren oder andere Veränderungen in ihrem Umfeld.

Tiere sind wertvolle kleine Lichtboten, die das göttliche Licht in sich tragen und zu uns bringen. Sie erhellen unse-re Gemüter und unser Herz. Nur durch die bloße Betrach-tung eines Tieres haben wir die Möglichkeit, im absoluten Hier und Jetzt zu leben. Sie leben uns das Sein und die vollkommene Konzentration auf die Gegenwart vor. Wenn wir es zulassen, kann jedes Tier unser Herz öffnen, wenn wir ihm begegnen. Sie helfen uns bei unserer Heilung und Transformation, denn jedes Tier ist auf seine Art und Wei-se ein kleiner Heiler. Auch unter den kleinen Lichtboten des Tierreichs gibt es auserwählte Lichtarbeiter, die sich von anderen Tieren unterscheiden, und besondere gött-liche Aufgaben bekommen haben, um bei der Transforma-tion der Erde und der Menschen mitzuwirken.

Höher schwingende Tiere

Die Lichtarbeiter aus der Tierwelt weisen eine höhere Schwingung auf und haben die Aufgabe übernommen, der Erde und den Menschen bei ihrem Transformationsprozess in die nächsthöhere Ebene zu helfen. Dazu gehören unter anderem Kolibris, Delfine, Wale, Katzen, Falken, Adler, Bienen, Hummeln, Libellen und Seepferdchen. In jeder Elementegruppe gibt es eine bestimmte Anzahl von Tieren mit erhöhter Schwingung, damit auch dort ein göttliches Gleichgewicht gehalten wird. Eines der spirituellsten Tiere neben dem Delfin ist die Katze, sie nimmt einen besonderen Posten in der Tierwelt und dem Raum-Zeitgefüge ein. Sie hat seit Jahrhunderten mit die stärkste Fähigkeit, Menschen zu heilen. Andere Tiere mit einer besonders hohen Sensitivität, Wahrnehmung und Heilerfähigkeit sind Wale, Delfine, Seepferdchen, Hunde, Adler und Wölfe, um nur einige zu nennen.

Wale und Delfine

Wale wie auch die Delfine, haben eine besondere Fähigkeit: Sie sind mit die einzigen Tiere, die noch Verbindungen zu anderen Sternenwelten und Galaxien haben. Sie haben ein ausgeprägtes Ortungssystem und beziehen die Ganzheit des Universums in ihr Leben mit ein. Außerdem leiten sie die kosmischen Energien auf die Erde, um sie für die Heilung unseres Planeten, für die Menschen und für sich selbst zu nutzen. Ein feines und hoch schwingendes Energienetz verbindet sie miteinander, das zur optimalen Verständigung ihrer Art beiträgt. Auch besitzen sie die Fähigkeit, Energien, die derzeit in ihrem Umfeld gebraucht werden, auszusenden. Sie arbeiten selbstlos Tag und Nacht, ohne dabei die göttliche Leichtigkeit und Freude zu verlieren. Für diese göttliche Arbeit wird ein gut funktionierendes Ortungssystem benötigt.

Das Ortungssystem dieser besonderen Meerestiere bezieht folgende Faktoren mit ein:

* Das Magnetfeld der Erde,
* das Kristallgitternetz der Erde,
* das Herznetz der Menschen,
* das Herznetz der Kinder,
* die Verbindung zu anderen Dimensionen, Sternenwelten und Galaxien, die ihnen die Koordinaten und wichtige Informationen durchgeben.,
* den Erdmittelpunkt,
* sich selbst,
* das Energienetz ihrer Artgenossen,
* das Schwingungsfeld der Erde.

Ist ein Bereich davon gestört, behindert er die optimale Ortung und somit auch die Heilung der Erde. Der Weltraummüll, der derzeit um unsere Erde kreist, stellt mit dem abnehmenden Magnetfeld der Erde und der Umweltverschmutzung die größten Gefahren für dieses Ortungssystem dar. Er unterbricht und stört die einwandfreie Kommunikation zu anderen Galaxien und Sternenwelten.

Zerstörung des Gleichgewichts in der Tierwelt

Greifen Menschen in dieses „tierische" Gleichgewicht ein, ändert sich auch das Verhalten der Tiere, und sie können ihrer göttlichen Aufgabe nicht mehr nachkommen, denn sie sind damit beschäftigt, sich um ihr eigenes Überleben zu kümmern.

Dank an alle Retter der Tiere, an alle Tier- und Umweltschützer, die durch ihre Arbeit einen großen Beitrag zu der Heilung und der Wiederherstellung des Gleichgewichts in der Tierwelt und somit auf Erden leisten. Die veränderte Verhaltensweise der Tiere ist immer öfter zu beobachten. Eines der momentan auffälligsten Veränderungen auf Erden ist das Stranden der Wale und Delfine.

Das Stranden der Wale und Delfine hat auch noch andere Gründe:

- Verseuchung und Verschmutzung des Meerwassers,
- Störung des Magnetgitterfelds der Erde,
- der Weltraummüll, der um die Erde kreist,
- Mobilfunknetze,
- Chemtrails,
- Radar,

- neue manipulative, energetische Netze, die gerade im Aufbau sind und in Zukunft zur Bewusstseinskontrolle der Menschen eingesetzt werden sollen,
- Umweltgifte wie Einsatz von Chemikalien auf Feldern, Abwasserflüsse ins Meer und andere Verschmutzungen.

Es gibt viele verschiedene Bereiche, in denen der Mensch die Macht über die Tiere übernommen hat. Er hat sich das Recht herausgenommen, über Leben und Tod der Tiere zu entscheiden. Zuchtfarmen für Pelze, Labors für Tierversuche, Massentierhaltungen, traditionelles Delfin- und Walschlachten, Züchtung von Löwen zum gezielten Abschießen auf Wunsch von Touristen, gezielte Tötung von Tigern zur Verwertung der Genitalien zur Erhöhung der Potenz bei Männern sind nur einige Beispiele für ein achtloses Verhalten gegenüber Tieren. Diese Macht, die momentan noch von Menschen ausgeübt wird, wird sich bald gegen sie richten.

Jedoch können wir jetzt schon etwas für die Heilung der Tiere und der Balance zwischen Mensch, Natur und Tier tun, indem wir allen Tieren, ganz besonders den leidenden und gefährdeten, göttliche Liebe, Licht, Kraft, Achtung und Vertrauen über das Kristallgitternetz und/oder über unsere Hände und unser Herz senden. Wenn wir dies regelmäßig tun, schaffen wir es, gemeinsam mit den Tieren die gött- liche Balance langsam auf der Erde wieder herzustellen.

Kontakt der Tiere untereinander

Auch die Tiere sind durch ein energetisches Netz miteinander verbunden. Jedoch verbinden sich nur dieselben Rassen untereinander. Sie verbinden sich nicht mit ihrem Herzen, sondern mit ihrer Energie und Schwingung. Auch sind sie im Kontakt mit dem Kristallgitternetz der Erde und den Elementen und können so diese Bereiche für ihre göttliche Aufgabe auf Erden nutzen.

Elementarwesen und Tiere

Elementarwesen und Tiere haben eine enge Verbindung zueinander, denn beide sind für das Gleichgewicht von Natur, Tier und Erde zuständig. Jedes Tier hat ein Schutzelementarwesen. Je nachdem, was für einen Schutz die Tiere brauchen, wird ihnen ein Elementarwesen von Geburt an zugeteilt.

Schutzelementarwesen haben eine ähnliche Rolle wie die Schutzengel bei uns Menschen. Bei den Tieren kann es sogar sein, dass sie mehrere Elfen, Feen oder andere Elementarwesen bei sich haben. Katzen zum Beispiel haben oft Elfen bei sich. Haben Sie Angst um Ihre Katze, wenn sie draußen unterwegs ist, geben sie ihr noch zusätzlich eine Schutzelfe mit.

Es gibt aber auch bestimmte Kombinationen, die nicht besonders gut oder gar nicht miteinander funktionieren, wie zum Beispiel Kobolde für Katzen, Zwerge für Hunde,

Kobolde für Vögel, Feen für Mäuse, aber natürlich gibt es auch in dieser Hinsicht Ausnahmen. Es gibt sogar eine spezielle Elfenart, die verstorbene Tierseelen ins Licht begleitet.

Haustiere

Haustiere haben eine Sonderrolle unter den Tieren eingenommen, denn sie arbeiten direkt vor Ort mit ihren Besitzern. Haustiere haben die Gabe, ihren Besitzern Kummer, Schmerzen und Leid abzunehmen und um sie dann in göttliche Liebe zu transformieren. Wird die Last zu groß und die niedrig schwingenden Energien zu schwer, erfahren sie selbst Leid und entwickeln körperliche und/ oder seelische Beschwerden. Oft erkranken sie an einer „Menschenkrankheit", wie zum Beispiel Krebs. Das ist immer ein Hinweis dafür, dass das Tierchen zu viel Last von seinem Besitzer übernommen und getragen hat. „Menschenkrankheiten" sind früher so gut wie nie bei Tieren aufgetreten. Eine regelmäßige energetische Reinigung und eine Zurücknahme der schweren Lasten beugt einer eventuellen Erkrankung vor. Das kann der Besitzer selbst durchführen und/oder einen Tierheiler oder „Menschenheiler" zu Rate ziehen.

Haustiere haben sich dazu entschieden, hier auf Erden nur dem Menschen zu dienen. Haben sie ihre Aufgabe bei dem Besitzer erledigt, wechseln sie ihr Zuhause oder entscheiden sich für die Lichtebene.

Verbindung zwischen Tier und Mensch

Tiere haben eine besondere Gabe: Sie können in einem kurzen Augenblick das Herz der Menschen öffnen. Sie stellen keine Ansprüche oder Erwartungen an uns, sondern geben bedingungslos Liebe. Lässt ein Mensch sich auf diese einzigartige Transformation ein, werden viele Blockaden gelöst und Verletzungen im Herzen geheilt. Natürlich ist eine stete spirituelle Arbeit an sich selbst Voraussetzung für diesen göttlichen Vorgang. Auch wenn wir uns noch nicht sofort mit unserem Herzen mit den Tieren verbinden können, tun wir es mit ihren Energien, die ebenfalls eine heilende Wirkung auf uns haben. Das Besondere bei Tieren ist, dass sie uns so annehmen, wie wir sind. Das können wir sehr gut bei unseren Haustieren erkennen. Wir müssen ihnen nichts vorspielen, um anerkannt zu werden. Sie lieben uns so, wie wir tatsächlich sind.

Natürlich ist man vielleicht dem einen Tier mehr zugetan als dem anderen, aber im Grunde genommen kann man auch auf eine Fliege mit offenem Herzen zugehen. Jedes Tier, das in unser Leben tritt, hat eine Botschaft für uns und möchte uns etwas mitteilen. Es ist im Auftrag der göttlichen Quelle unterwegs und überbringt uns göttliche Botschaften und Zeichen, die uns bei unserer persönlichen Weiterentwicklung unterstützen und uns helfen, gegenwärtige Probleme zu lösen.

Leider werden vielen Tierarten Klischees aufgedrückt, die nicht stimmen. So werden Tieren bestimmte Bedeutungen zugemessen, die bis heute noch in den Köpfen der Menschen herumgeistern und sich über Jahrhunderte lang gehalten haben. Haie stehen für Gefahr, aber in Wirklichkeit reinigen sie die Meere. Raben und Krähen haben einen schlechten Ruf, dabei tragen sie das alte Wissen in sich und helfen fleißig mit bei der Transformation der Menschheit in die Fünfte Dimension. Spinnen sind für manche Menschen ekelig, dabei wäre es gerade für sie wichtig, die ausstrahlende Schöpferkraft der Spinne für sich zu nutzen. Alle Tierarten, vor denen wir eventuelle Ängste haben, haben immer mit uns selbst zu tun. Somit sind genau diese Tiere der perfekte Spiegel und Helfer für uns, um unsere inneren Blockaden zu lösen.

Verbindungstiere – Verbindung zu anderen Ebenen, Welten und Kulturen

Es gibt bestimmte Tiere, die Verbindung zu anderen Welten, Ebenen und Kulturen herstellen können. Dazu zählen die Haustiere und Tiere, die mit Menschen in Begegnung treten können. Diese sind zum Beispiel Delfine, Libellen, Seepferdchen, Katzen und Vögel. Vögel haben eine intensive Verbindung zu den Engeln und bringen den Menschen göttliche Botschaften, die sogenannten Seelenbotschaften, und es lohnt sich immer, ihnen zuzuhören und sie zu betrachten. Auch wenn wir diese Botschaften vielleicht nicht wirklich hören können, empfängt unsere Seele die Energien und Informationen, die für uns wichtig sind.

Andere Tiere stammen ursprünglich aus früheren Hochkulturen, wie zum Beispiel Avalon, Lemurien, Atlantis, Ägypten. Diese Tierseelen haben sich speziell zur jetzigen Zeit auf Erden inkarniert, um bestimmte Informationen für den Aufstieg zu übermitteln. Es sind unter anderem Libellen, die eine starke Verbindung zu Atlantis und ihren Priestern haben; Delfine, die aus mehreren Kulturen und Sternenwelten stammen und Katzen, die eine intensive Verbindung zu Atlantis und Ägypten haben. Vielleicht wohnt bereits solch eine besondere Tierseele bei ihnen zu Hause? Dann haben sie den perfekten Vermittler für Informationen aus anderen Ebenen und Dimensionen. Empfangen sie sie, es lohnt sich wirklich!

Tiere wie zum Beispiel Vögel, Libellen, Bienen und Hummeln, die sich im Element Luft bewegen, sind für die Herzfunken der Menschen zuständig. Sie haben die besondere Aufgabe, die Herzfunken, die bei einer Wunscherfüllung entstehen, an Menschen und Natur weiterzuleiten, um sie dort zu verteilen, wo sie am nötigsten gebraucht werden.

Fangen wir endlich an, die Heilungsenergien der Tiere mit offenem Herzen anzunehmen und ihre Botschaften zu erhören! Gehen wir mit offenen Augen durch die Welt, damit wir die göttlichen Zeichen der Tiere erkennen und für uns nutzen können. Liebe all den Tieren!

Raben und Krähen spinnen violette Netze der Transformation

Raben und Krähen haben eine besondere Aufgabe in der Transformation übernommen. Sie spinnen in regelmäßigen Abständen violette Netze in der Luft, die sich dann langsam auf die Erde in Höhe der Herzen der Menschen absenken. Diese energetischen Netze sind räumlich begrenzt und werden nur zu bestimmten Zeiten gesponnen, dann, wenn es wichtig für die Transformation der Erde und der Menschen ist. Die violetten Netze bewirken, dass die alten Strukturen um uns herum regelrecht aufgesprengt werden, und helfen, dass wir uns schneller aus dem Alten befreien können. Menschen, die sich nicht weiterentwickeln möchten, werden durch die konsequente Ablehnung der violetten Energien in ein inneres Gefühlschaos geworfen, was sich nach einiger Zeit auch in ihrem Leben bemerkbar macht.

Die violetten Rabennetze können auch an einem neutralen Ort gesponnen werden. Diese werden dann dem Wind und den Wolken übergeben, damit sie diese Netze weiter an ihren Bestimmungsort tragen. Alle Tiere arbeiten eng mit der Natur und den Elementen zusammen. Auch nur einzelne violette Fäden können gesponnen und durch die Lüfte geflogen werden, je nachdem, für welche Aufgabe sie bestimmt sind. Diese besonderen Vögel tragen so viel Weisheit und altes Wissen in sich, dass wir ihnen wieder mehr zu hören sollten. Jedoch gibt es inzwischen leider Raben/Krähen, die sich nicht mehr auf der lichten

Seite befinden, denn die Mächte der Dritten Dimension kennen sich sehr gut in der Spiritualität und Magie aus und nutzen die magischen Kräfte dieser Tiere für ihre Absichten.

Botschaft vom Hl. Franziskus von Assisi

Seid gegrüßt, ihr lichtvollen Seelen auf Erden,
ihr tretet nun in eine neue Phase eures Seins. In dieser Phase ist es wichtig, das Gleichgewicht zwischen den Elementen, den Tieren und euch wieder herzustellen. Achtet die Natur, achtet die Tiere, sie sind ein Teil von euch und haben Anteil an der großen Transformation in lichtere Dimensionen. Sie geben euch Hinweise auf eurem Weg dorthin.

Vergesst die Tiere nicht, sie haben sich für euch auf Erden inkarniert, um euch bei eurer Heilung zu helfen. Nehmt sie in euren Kreis auf und behandelt sie wie alle anderen lichtvolle Seelen auf Erden. Sie strahlen so viel Göttlichkeit und Vertrauen aus! Beobachtet sie und empfangt ihre Botschaften und Energien.

Auch zu meiner Zeit habe ich dieses getan, und sie haben mir immer den Weg gewiesen, wenn ich nicht mehr weiterwusste. In der dunklen Gasse der Verirrungen meines Geistes und des Prunks haben sie mich in die lichte Welt der Klarheit und der Liebe zurückgeholt.

Die Liebe in eurem Herzen ist das einzig Wichtige auf Erden. Die Liebe erfüllt alle Wünsche. Die Liebe heilt alle Wunden. Die Liebe verbindet alle. Die Liebe löst jeden Krieg auf. Die Liebe bringt Mensch und Tier zusammen. Die Liebe hat so viele Facetten. Sie ist kraftvoll, zärtlich, allumfassend, umarmend, wärmend, liebevoll und vieles andere mehr.

Ihr habt ja keine Vorstellung, wie kraftvoll die Liebe wirklich ist, wenn ihr alle Bedingungen und Erwartungen an eure Mitmenschen und an euch selbst aufgebt. Die Kraft und die Macht, die der Liebe innewohnen, können Unvorstellbares ereignen lassen. Wunder sind die „Nebenwirkungen" der Liebe, aber welch schöne! Wunder begleiten euch, wenn ihr in der Liebe seid. Fangt jetzt damit an, die Zeit der ewigen Arbeit an eurem Ego ist vorbei, nun dürft ihr nach eurem Herzen leben.

Viel habt ihr durchlebt und hinter euch gebracht. Nun seid ihr im Paradies auf Erden. Ihr lebt die Liebe in und aus eurem Herzen. Das ist das wahre Paradies in euch! Die Chance, dieses nun auf eurem Planeten zu erleben, dürft ihr nun ergreifen. Nehmt sie wahr, sie wird nicht wiederkommen.

Wie lange haben wir darauf gewartet und hingearbeitet. Nun endlich ist es so weit, nun könnt ihr das verwirklichen, wofür ich mein Leben gelebt habe: die vollkommene göttliche Liebe! Wären die Tiere nicht gewesen, ich hätte nicht die wahre Liebe kennengelernt, denn sie lieben ohne Bedingungen, sie lieben uns ganz und gar, so, wie wir sind. Sie haben mir das Geschenk der göttlichen und reinen Liebe gebracht, und dankend nahm ich es an.

Wer sollte mir sonst damals helfen, ging ich doch neue Wege, die zu meiner Zeit nicht die üblichen waren. Es war sehr schwierig für die anderen, dieses zu verstehen. Für mich war es leicht, alles hinter mir zu lassen, denn ich sah keinen anderen Ausweg mehr, mich aus den alten, festhaltenden Strukturen, die mich in ihrem Bann hielten, zu befreien. Mir war es leicht um mein Herz, denn nun konnte ich ihm folgen. War ich eins mit Gott, mit der Erde, mit den Tieren und mit der Natur, konnte ich einen kleinen Einblick gewinnen, wie es sich anfühlen würde, in der Fünften Dimension zu leben. Wie schön, dass ihr nun die Möglichkeit habt, diesen Weg zu Ende zu gehen.

Ich sende euch alle Vögel, die nun göttliche Botschaften für euch in sich tragen. Achtet auf sie, sie werden euch diese in der nächsten Zeit überbringen. Auch bitte ich euch, so oft wie möglich Licht und Liebe an alle Tiere auf Erden zu schicken und bewusster mit ihnen umzugehen. So werden sie auch von EUCH unterstützt!

Ich segne euch mit den göttlichen Energien der Erde.
Franziskus von Assisi

Botschaft von Hilarion

„Weisheit des Herzens"

Euer Herz birgt bereits alle Weisheit in sich. Habt ihr Zugang zu eurer Weisheit bekommen, könnt ihr auf die Durchsagen und Botschaften eures Herzens vollkommen vertrauen. Habt ihr diese Bewusstseinsstufe eures Herzens erreicht, könnt ihr eure innere Weisheit und euer inneres Wissen jederzeit abrufen.

Es lohnt sich, liebe Freunde des Lichts, diesen Weg der Herzensheilung zu gehen. Denn diese Weisheit, die euch dann eröffnet wird, ist einzigartig und göttlich. Nun, ihr habt bereits viel in euren früheren Leben erlebt und diese Erfahrungen abgespeichert, doch nun habt ihr die Gelegenheit, euer wahres Wissen und eure wahre Weisheit zu entdecken. Die göttliche Weisheit des Herzens liegt hinter alldem, sie ist die Quintessenz der Weisheit der Lichtebene und der göttlichen Quelle. Heilt alle Mauern, Verletzungen und Blockaden, die sich vor diesem immensen Reichtum befinden.

Wir wollen, dass ihr eigenverantwortlich mit euch und eurer Umwelt umgeht, und dazu benötigt ihr diese göttliche Weisheit, denn sie birgt in sich, dass ihr euch immer zum Wohl des Höchsten entscheidet. All die Güte, all die Liebe, all die Gnade Gottes und des Lichts sind in dieser Weisheit enthalten. Die göttliche Weisheit ist das höchste Gut, was ihr zu der göttlichen Liebe und Freude erfahren könnt. Meistert euch! Hört auf euer Herz! Übt euch da-

rin, jede Sekunde eures jetzigen Lebens. Die Zeit ist zu wertvoll, um sie immer mehr von den Mühlen des Alltags zermalmen zu lassen. Seht wieder die wirklich wichtigen Dinge in eurem Leben.

Die Weisheit in eurem Herzen beginnt in den Herzen eurer Kinder und in den Herzen derjenigen, die Kind geblieben sind. Sie haben sich das reine und lichte Herz bewahrt. Achtet auf sie und lernt von ihnen. Ist euer Herz geheilt, geöffnet und vollkommen mit eurer Seele, euren Mitseelen und der göttlichen Quelle verbunden, eröffnen sich neue Welten und Dimensionen. Es sind die Herzstrahlen, die von eurem Herzen ausgehen und euch mit diesen neuen Energien verbinden. Ihr könnt mit ihnen Kontakt aufnehmen, um neue Informationen in Bewusstseinsentwicklung, neue Lebensformen, Energien, Gesundheit, Bildung, Wissenschaft und Technik zu empfangen. Zudem öffnet sich auch das große Tor zur einzigartigen göttlichen Bibliothek.

Bis jetzt hattet ihr nur Zugang zu euren persönlichen/ privaten Bereichen, aber nun könnt ihr durch das Haupttor hindurchgehen und alle Abteilungen, die es dort gibt, besuchen. Es wird ein Genuss für euch sein, in „alten und neuen" Büchern zu schmökern. Bis ihr diese Ebene jedoch erreicht habt, wird noch einige Zeit vergehen. Aber einen kleinen Einblick in eure wunderbare Zukunft wollten wir euch schon gewähren, damit ihr guten Mutes voranschreitet. Ach, wie schön wird es sein und ist es bereits!

Euer Hilarion,
Meister der Weisheit und grünen Flamme

Meditationen
Zentrierungs-Meditation

Diese Meditation bietet sich an, jeweils vor einer anderen Meditation durchgeführt zu werden, damit wir optimal in unsere Mitte gebracht werden. Auch eignet sie sich ideal als tägliche Übung in unserem Alltag. Sie zentriert uns und gibt uns die Möglichkeit, uns mit unserem Herzzentrum, mit der göttlichen Quelle und mit dem Erdmittelpunkt zu verbinden.

Setz dich aufrecht hin. Verbinde dich gedanklich mit der göttlichen Quelle und mit der Erde, indem du einen goldenen Strahl von oben durch dein Kronenchakra bis in die Füße fließen lässt. Spüre diese göttliche Verbindung mit „Himmel und Erde".

Atme nun die göttliche Liebe, die direkt aus der göttlichen Quelle heruntergeleitet wird, in dein Herzchakra ein und fülle es beim Ausatmen mit ihr.

Wiederhole dieses dreimal, und dann gehe zum nächsten Chakra in Richtung Solarplexus.

Führe nun diese Atemübung mit allen Chakren in dieser Reihenfolge durch: Solarplexus, Sexualchakra, Basischakra, Morgenstern[1] (zwischen den Knien), erster Erdenstern Terranus (zwischen deinen Füßen auf der Erde), zweiter Erdenstern Sonterra (ca. 1 – 2 m in der Erde).*

---

[*] Neue Energiezentren, nähere Informationen in den „Atlantisheilkarten" (Smaragd Verlag)

Atme nun erneut einmal in dein Herzchakra und beginne, die Chakren in Richtung göttliche Quelle mit der göttlichen Liebe zu füllen.

Atme in den Seelenstern (zwischen Herz- und Halschakra), in dein Halschakra, in dein Drittes Auge, dein Kronenchakra, deinen ersten Himmelsstern Plenarius (ca. 15 cm über dem Kopf), deinen zweiten Himmelsstern Excalibur (ca. 80 cm über dem Kopf), deinen dritten Himmelsstern Sonarus (1,50 m über dem Kopf), deinen vierten Himmelsstern Creos (ca. 2 m über dem Kopf).

Hast du alle Chakren mit Liebe gefüllt, konzentriere dich nun wieder auf dein Herzzentrum. Atme die göttliche Liebe in dein Herzchakra ein und verteile es beim Ausatmen über dein Chakra hinaus in deinen Körper. Spüre, wie die göttliche Wärme, diese wunderbare Energie der göttlichen Liebe, beim nächsten Ausatmen weiter in deinen Körper strömt.

Prüfe nun, ob sie sich in der Mitte deiner Lebenskreise befinden. Tun sie dies nicht, begib dich jetzt in ihre Mitte und verbinde dich mit ihnen. Schau dich um, ob sich noch eine andere Seele in deinen Kreisen aufhält. Ist dies der Fall, lass diesen Menschen von den Engeln in seinen eigenen Lebenskreis stellen. Keiner darf in deinen Kreisen stehen!

Sind nun deine Kreise von den „Besuchern" befreit, spüre nun, wie die göttliche Energie aus der göttlichen Quelle durch dich hindurch in deine Lebenskreise fließt. Nun bist du vollkommen zentriert, geerdet und mit göttlicher Liebe gestärkt.

Komme nun langsam wieder in deine Gegenwart zurück oder beginne jetzt mit der eigentlichen Meditation oder Transformationsarbeit, die du machen wolltest.

Natürlich kannst du auch göttliche Freude, Vertrauen und vieles mehr zur Stärkung und Schwingungserhöhung in deine Energiezentren einatmen, denn diese Übung ist nicht nur auf die Energie der göttlichen Liebe beschränkt.

Stärkung der Herzflamme

Als Erstes führe bitte zur optimalen Einstimmung auf diese Meditation die Zentrierungsmeditation durch. Hast du alle Chakren mit Liebe gefüllt, konzentriere dich wieder auf dein Herzzentrum.

Nimm jetzt Kontakt zu deiner Herzflamme auf. Versuche, vor deinem geistigen Auge deine Flamme zu sehen. Betrachte sie. Ist es eine kleine oder eine große Flamme?

Siehst du eine große Flamme, nimm nur ihre Energie wahr. Durch deine bloße Aufmerksamkeit wird sie nun gestärkt. Du kannst nun diese wunderbare Energie in deinen Körper und in deine Zellen weiterleiten und ihn damit stärken.

Brennt deine Flamme zu schwach, rufe Erzengel Metatron, er wird dich dabei unterstützen, deine Herzflamme wieder neu zu entfachen.

Stell dir nun vor, wie du mit einem symbolischen Streichholz deine Herzflamme wieder neu entzündest. Spüre, wie die Flamme sich entfaltet und immer größer wird.

Atme jetzt bewusst Sonnen- oder Feuerenergie in dein Herz, um deine innere Flamme zu energetisieren und zu stabilisieren. Fühle, wie deine Herzflamme immer größer wird. Spüre diese kraftvolle Energie, die nun in deinen Körper fließt und alle Zellen mit dieser wärmenden Energie füllt.

Tue das so lange, bis du das Gefühl hast, dass deine Herzflamme stark genug brennt, und du wieder genug Lebensenergie und Kraft in dir hast.

Bedanke dich bei dir und bei Metatron. Genieße noch einen Moment diese wohlige Wärme und richte deine Aufmerksamkeit auf deinen gesamten Körper.

Komme nun langsam wieder zurück und öffne die Augen. Spüre noch nach, wie warm es nun um dein Herz geworden ist. Um diese neue Flamme aufrechtzuhalten, richte einige Male am Tag deine Aufmerksamkeit auf deine Herzflamme, und nimm sie einfach wahr. Durch diese kleine Aufmerksamkeit stärkst du immer deine Herzflamme und hältst sie am Brennen. Deine Seele wird es dir danken.

Herzheilungsmeditation mit Jesus Christus

Seid gegrüßt,

schön, dass ihr euch für den Weg eures Herzens ent-schieden habt. Wir werden gemeinsam diesen Weg ge-hen, und ich werde immer bei dieser Herzmeditation an-wesend sein und euch unterstützen.

Bitte nehmt eine bequeme Position im Sitzen ein, da-mit ihr die optimale Verbundenheit mit der göttlichen Quel-le und dem Erdmittelpunkt herstellen und spüren könnt. Ruft mich nun! Verbindet euch mit der göttlichen Quelle und mit dem Erdmittelpunkt der Erde. Stellt euch dafür ei-nen Lichtstrahl vor, in den ihr euch begebt.

Nun spürt in euer Herz und versucht bewusst, göttliche Liebe einzuatmen und beim Ausatmen euer Herz damit zu füllen. Wiederholt dies mehrere Male, bis eure ganze Aufmerksamkeit auf euer Herz gerichtet ist.

Ruft nun Erzengel Michael und bittet ihn, alle energe-tischen Verstrickungen und Verknüpfungen, die euch mit anderen Menschen verbinden, zu durchtrennen und ins Licht zu schicken, sodass nur noch die Herzverbindungen bestehen bleiben.

Ruft nun Erzengel Raphael und bittet ihn, alle Wun-den, die durch diese Trennung bei euch und bei den an-deren entstanden sein könnten, mit seinen grünen Heile-nergien zu heilen. Spürt die neue Freiheit in und um euch, die durch diese Reinigung entstanden ist. Genießt für eine kurze Zeit diese Stille.

Diese Reinigung von Verstrickungen könnt ihr jeden

Tag durchführen, am besten abends vor dem Zubettgehen, damit ihr frei schlafen könnt.

Atmet nun wieder bewusst in euer Herz und bittet Erzengel Chamuel, zu euch zu kommen. Er ist der Engel der Herzensliebe und wird euch helfen, euer Herz zu heilen. Bittet um seinen heilenden rosa, fast pinkfarbenen Strahl, der nun direkt in euer Herz strahlt und alle Blockaden auflöst und Verletzungen heilt, die nun bereit sind zu gehen. Fühlt die Wärme und die befreiende Energie, die nun in euer Herz strömt und lasst Altes bewusst los. Bleibt so lange in dieser göttlichen Energie von Erzengel Chamuel, bis ihr spürt, dass der Strahl aufhört, in euer Herz zu strömen.

Die Herzheilung ist für heute beendet. Diese Übung könnt ihr immer dann machen, wenn ihr den Impuls dazu spürt. Atmet noch einmal in euer Herz und kommt langsam wieder zu euch, in eure Gegenwart, zurück. Bedankt euch bei den Engeln für ihre Hilfe und sendet ihnen Licht und Liebe. Heilung geschieht nun.

Bleibt noch etwas in dieser Stille, damit die Herzheilung nachwirken kann.

In tiefer Dankbarkeit und Liebe,
Christus, der als Jesus unter den Menschen lebte.

Verbindung mit dem Heiligen Gral

Setze dich in Ruhe hin und beginne mit der Zentrierungsmeditation.

Hast du diese beendet, rufe die Aufgestiegenen Meister Hilarion und El Morya und die Engel und Meister, die ihnen nahestehen. Bitte sie, dir zu helfen.

Nun bitte die göttliche Quelle, den Heiligen Gral sichtbar werden zu lassen. Stell dir vor, wie vor deinem geistigen Auge eine grüner Strahl erscheint. Eine hellgrüne-goldene Energie, die sich langsam zu einem Kelch formt und nach allen Seiten hell erstrahlt. Nimm diese heilige Energie mit deinem Herzen wahr. Spüre die Kraft und die Energie des Heiligen Grals.

Genieße diesen heiligen Moment so lange bis du den Wunsch hast, dich mit dem Gral zu verbinden. Folge deinem Impuls und nimm mit deinem Herzen Verbindung zu ihm auf. Spüre nun, wie diese einzigartige heilige Energie in dein Herz strömt.

Durch diese Energieübertragung wird dein Herz in seiner Heilung unterstützt und zugleich deine Seele mit Licht und Liebe genährt. Mut und Vertrauen werden durch diese Meditation gestärkt. Genieße diese Energien und empfange sie so lange, bis du merkst, dass du genügend Energie „getankt" hast.

Bedanke dich nun bei dem Heiligen Gral und bei deinem göttlichen Helfer. Danach verblasst der Heilige Gral zunehmend und verschwindet am Ende ganz. Komm nun langsam in deine Realität zurück.

Diese Übung kannst du so oft machen, wie du möchtest. Sie kann jedoch nach längerem Meditieren zu Müdigkeit führen. Die Heilige Gral-Energie heilt energetische und seelische Herzverletzungen, löst Blockaden in deinem Herzzentrum auf und gibt dir genügend Kraft, weiter deinen Weg zu gehen.

Regenbogenmeditation

Als Erstes mache zur optimalen Einstimmung auf diese Meditation die Zentrierungsmeditation. Hast du nach Beendigung dieser Übung alle Chakren mit Liebe gefüllt, konzentriere dich wieder auf dein Herzzentrum.

Stell dir nun vor, du befindest dich auf einer Wiese. Die Blumen blühen, die Bienen summen, und die Sonne wärmt dich mit ihren Strahlen.

Genieße und beobachte für einige Zeit diese Idylle. Dann geh voran. Du gehst so lange, bis sich dir in der Ferne ein Regenbogen zeigt. Spüre die Energie, die von diesem Regenbogen ausgeht.

Gehe weiter, immer weiter, bis du am linken oder rechten Anfang des Regenbogens angekommen bist. Der Regenbogen ragt aus der Erde heraus, und er wird immer größer und breiter, je näher du ihm kommst.

Du hast nun die einmalige Gelegenheit, in der Energie des Regenbogens zu „baden". Gehe bewusst in den Regenbogen hinein und lass die farbigen Energien durch deinen Körper und in dein Sein, fließen. Genieße diesen Moment. Vielleicht kristallisiert sich sogar eine Farbe heraus. Diese benötigst du im Moment für deine Heilung und Transformation.

Lass nun deine Zellen mit dieser Farbe oder der gesamten Regenbogenenergie auffüllen. Stell dir dabei vor, wie alle Blockaden, die jetzt bereit sind, gelöst zu werden, durch deine Fußsohlen in die Erde weggespült werden. Tue dies so lange, bis du das Gefühl hast, dass sich alle

*Blockaden gelöst haben und dein Körper mit Energie voll-
getankt ist.*

*Verabschiede dich nun von deinem Regenbogen und
lass ein kleines Präsent für ihn da. Ein Blume, ein Gefühl, eine Farbe, oder etwas anderes. Verlasse dich bei
der „Geschenkeauswahl" auf deine Intuition. Gehe nun,
mit deinem Gesicht dem Regenbogen zugewandt, zurück.
Gehe eine zeitlang rückwärts, bis du den Impuls spürst,
dich umzudrehen und normal voranzuschreiten. Gehe ein
Stück weiter und lege dich dann in die Wiese, um diese
herrliche Energie des Regenbogens noch einmal bewusst
nachzuspüren. Komm nun langsam wieder in die Gegenwart zurück.*

Vorschläge zur Heilung unseres Planeten

Jeder kann zur Heilung unseres Planeten und seiner Bewohner beitragen. Diese Heilungsarbeit können wir in unsere täglichen Meditationen mit einbauen. Wir können dies mit unserem Herzen oder direkt über unsere Hände tun, indem wir sie offen und mit den Handflächen nach oben zeigen. So können die Energien aus unseren Händen und aus unserem Herzen hinaus in die Welt strahlen.

Diese Heilstrahlen können wir bewusst in bestimmte Bereiche, an bestimmte Orte oder Menschen senden. Die Energieübertragung geht ziemlich schnell vonstatten und wird von einer bewussten Visualisation unsererseits noch in ihrer Wirkung verstärkt.

Wir können Licht, Liebe, Kraft, Vertrauen und Geborgenheit senden an

- alle Kinder, die missbraucht und misshandelt wurden und noch werden,
- alle Kinder, die in Armut leben, die Not leiden,
- alle Waisenkinder,
- alle Menschen, die Not leiden, krank sind oder sich in einer anderen schwierigen Situation befinden,
- alle Tiere, die sich in Versuchslabors, Massentierhaltungsanlagen, Pelzzuchtstationen, Zoos und ähnlichen Einrichtungen aufhalten,

- alle Delfine und Wale, damit sie geheilt werden und auch genügend Kraft haben, sich vor dem wahllosen Abschlachten zu schützen,
- alle kranken Pflanzen.

Wir können Friedensenergien, Licht und Liebe in Länder und Gebiete senden, die sich derzeit in Krisen oder sogar im Krieg befinden, vorausgesetzt, wir tun es aus reinem Herzen und ohne eigene Absicht.

Wir können goldenes Licht, grüne heilende Energien und/oder transformierendes Violett zur Reinigung und Energetisierung senden:

- In die Wälder und in die Natur,
- zu einzelnen Pflanzen und Bäumen,
- in Gewässer und Seen,
- in die Meere und Ozeane,
- in die Erdatmosphäre,
- an/in unsere Erde.

Wir können uns auch vorstellen, wie durch die göttlichen Energien, die durch uns fließen, die Meere und Ozeane, die Luft, die Atmosphäre und der „Himmel" von energetischem und realem Schmutz gereinigt werden. Energetischer Schmutz sind zum Beispiel negative Gedanken, Energien wie Ängste und Zweifel und Manipulationsenergien der Dritten Dimension. Realer Schmutz dagegen sind unter anderem Umweltgifte wie Autoabgase, künstlicher Dünger, Flugzeugabgase, Dämpfe und andere chemische Verunreinigungen, die bewusst oder unbewusst in die Luft, die Meere und die Natur abgegeben werden.

Licht und Liebe und andere göttliche Energien können wir also senden, wohin wir wollen. Jeder kann sich einen oder mehrere Bereiche aussuchen und auch Teil an der Heilung aller haben. Es bietet sich an, den Bereich für sich zu finden, der einem am Herzen liegt. Bei dem einen sind es eher die Tiere, bei dem anderen sind es die Menschen. Alle Bereiche sind für ein friedvolles und harmonisches Zusammenleben in der Zukunft wichtig. Jede positive Energieaussendung trägt zum Weltfrieden und zum Aufstieg in eine neue Welt in Licht und Liebe bei.

Sabine Skala
DNA – die lichtvolle Spirale in uns
Kosmische Informationen der Galaktischen Föderation
152 Seiten, broschiert
ISBN 978-3-938489-94-9

Die Galaktische Föderation übermittelt uns wichtiges Wissen über unsere energetische DNA und erklärt uns das Zusammenspiel zwischen der DNA, unserer Seele, unserem Körper, der göttlichen Quelle und der Außenwelt.
Wie wirken äußere Faktoren auf unsere DNA, und welchen Einfluss haben sie auf unser Leben? Was passiert mit Informationen, die wir empfangen? Wie wirken sich zwischenmenschliche Beziehungen auf unsere DNA und unser Sein aus? Wie können wir unsere DNA stärken?
Der Galaktischen Föderation ist es sehr wichtig, dass wir mehr über uns wissen, achtsamer mit uns und unserer Umwelt umgehen und uns bewusst werden, welchen äußeren Einflüssen wir ausgesetzt sind.

Sabine Skala
Atlantisheilkarten
44 Heilkarten mit Begleitbüchlein
ISBN 978-3-938489-78-9

44 neue Symbole aus verschiedenen Bereichen wurden jetzt von den atlantischen Priestern für die Menschheit freigegeben.
Diese Symbole strahlen eine sehr hohe Schwingung aus, die unser Leben wieder ins Gleichgewicht bringen kann, und wirken ganzheitlich auf allen Ebenen - körperlich, seelisch und geistig - und transformieren unsere Zellen so, wie es ihrem göttlichen Ursprung entspricht.
Den atlantischen Priestern ist es ein großes Anliegen, uns bei diesem Aufstiegsprozess in die Fünfte Dimension zu helfen, um in Liebe mit uns und anderen zu leben, denn nun ist es an der Zeit, wieder die Herzkommunikation, die Verbindung zur göttlichen Quelle und zu unserem höheren Selbst, aufzunehmen und eine Ära der göttlichen Liebe und des lichtvollen Friedens einzuläuten.

Kornelia Wöllner
Erwachen in Liebe
Befreiung für die Menschheit
352 Seiten, A5, gebunden, mit Leseband
ISBN 978-3-938489-87-1

In unserem Prozess des Aufstiegs in eine neue Seinsdimension steht uns eine gigantische friedliebende Kraft zur Seite, die „Galaktische Förderation des Lichts", die uns Menschen am Ende der alten Zeitrechnung und mit Beginn des neuen Zeitalters – im Jahre 2012 – in Liebe aufnehmen wird.
Mit vielen praktischen Beispielen, wie sich diese Informationen im Alltag umsetzen lassen, damit wir ein Leben in Fülle und Gesundheit führen können.

Leila Eleisa Ayach
Seelenverträge - Absprachen in Liebe
152 Seiten, A5, broschiert
ISBN 978-3-941363-24-3

Wir fühlen uns oft machtlos einem Schicksal ausgeliefert, verstehen nicht, was mit uns geschieht, sind verwirrt, verzweifelt und traurig. Wir haben unsere Seelenverträge vergessen, nur: Seelenverträge – was bedeutet das?
Jeder von uns hat sich vor seiner Inkarnation auf der Erde einen Seelenplan festgelegt, in dem jede Herausforderung festgeschrieben ist, die unsere geistige Entwicklung fördert und uns auf den Weg zum Erwachen führt. Die Geistige Welt weiß um unsere Ängste und Nöte, unsere Herausforderungen, aber auch um unsere Sehnsüchte, Ziele und Wünsche, und möchte uns helfen zu verstehen, warum wir bestimmte Erfahrungen in unserem Leben machen.

Daivika
Wenn der Körper die Erde wärmt
Saint Germain, Sanat Kumara, Sananda ...
80 Seiten, A 5, broschiert
ISBN 978-3-941363-16-8

Dem Ruf von Saint Germain folgend, öffnete sich die Autorin 21 Durchsagen mit dazugehörigen Meditationen aus der Geistigen Welt (Sanat Kumara, Mutter Maria, Sananda, Kuthumi, El Morya, Lady Nada, Miranlaya u.v.m.), die unseren physischen Körper in die energetische Schwingung bringen, die dieser bis 2012 erreicht haben sollte, um die Energie des Aufstiegs aushalten und mit der Erde aufsteigen zu können.
Auf dem Weg dorthin, der in einem heiligen Augenblick in den Armen von Sananda im Fluss der Einheit endet, finden immer wieder göttliche Begegnungen statt, die uns Stück für Stück an den hieraus gewonnenen Erkenntnissen wachsen lassen.

Marlies Winckler
Helios & St. Germain
Jenseits von 2012
136 Seiten, A 5, broschiert
ISBN 978-3-941363-22-9

Wie wird sich das Leben der Menschen und der anderen Erdenbewohner nach 2012 entwickeln? Wie wird sich das Sein in der neuen Dimension auf unser Bewusstsein auswirken? Wie wird sich unsere Gesellschaft mit all ihren Systemen verändern?
Wir haben den Plan für die Neue Erde bereits vor langer Zeit erstellt.
Saint Germain und Helios helfen uns, dieses Wissen und Bewusstsein jetzt auf die Erde zu bringen und in unser Denken und Handeln zu integrieren, damit uns der Weg gelingt, wobei es eines immer deutlicher wird: Unser Denken bewegt sich in allen Aspekten weg vom ICH und hin zum WIR.

Andrea Kraus
Toröffnung in die Fünfte Dimension
Energieausgleich durch Metatron, Saint Germain, Kuthumi...
272 Seiten, A5, gebunden, mit Leseband
ISBN 978-3-941363-18-2

Immer spannender werden die Herausforderungen in der Phase des Übergangs in ein neues Zeitalter, das wir spätestens am 21.12.2012 erreicht haben. Kein Wunder also, dass viele Menschen aufgrund dieser Umwälzungsprozesse ins Bodenlose stürzen. Und ihre Fragen werden immer dringlicher:
Und da ist sie – die Hilfe aus der Geistigen Welt: Die Aufgestiegenen Meister, weise Priester und Erzengel stehen uns zur Seite und führen uns durch die Dschungellandschaften des Chaos und der Zusammenbrüche. Ganz konkret nennen sie uns Möglichkeiten und Techniken, mit denen wir uns selbst helfen können, unsere Gefühle zu heilen, um schließlich Schritt für Schritt in ein erfülltes Dasein zu gelangen.

Marianna Kehrwecker
Djwahl Khul
Nur ein Schleier trennt euch vom Licht
376 Seiten, A 5, gebunden, mit Leseband
ISBN 978-3-941363-23-6

„Das Zentrum Allen Seins, das da war, ist und immer sein wird, ist ewig und immerwährend. Es ist überall. Ihr nennt es den Ursprung des Lebens, die Schöpferkraft, die Quelle, das ICH BIN, Gott – es ist unfassbare Liebe und Licht.
Ihr aber seid Teil dieses Zentrums Allen Seins – und nichts kann euch letztlich davon trennen in ewiger Zeit. Der Ort eurer Verbindung aber ist euer Herz, eure liebende Wahrnehmung."
Der Meister Dwahl Khul spricht klar, liebevoll und aufbauend in eindrücklichen Bildern zu uns. Wenn du diese Worte in dich hineinlässt, diese Liebe erlaubst, berühren sie dich im Innersten und wecken Wandlungskraft, damit wir alle wieder Engel auf Erden werden. Auch du!

Julia Schuricht
Maitreya – Die sieben Lektionen der Liebe
ca. 200 Seiten, A5, broschiert
ISBN 978-3-941363-25-0

Dieses Buch enthält die geheimen Schlüssel des Einweihungswegs des Herzens. Maitreya beschreibt sie als sieben Stufen auf einer Leiter, die ineinander verwoben und nicht wirklich voneinander zu trennen sind, und gibt tiefe Einblicke in universelle Zusammenhänge des Seins und der Schöpfung sowie der Menschheitsgeschichte. Durch Erleben und Integrieren der „Lektionen der Liebe" erlebt der Mensch, der in diesem Prozess der Meisterschaft sein Herz vollkommen öffnet, seinen Weg in die Freiheit des Seins. Eine sehr liebevolle Anleitung für den Gang ins Zentrum und die Meisterung der menschlichen Erfahrung.

Paulette M. Reymond
Wiedergeburt der Erde
Botschaften von Sirius A
128 Seiten, A5, broschiert
ISBN 978-3-941363-19-9

Die Erde und ihre Menschen sind dabei, einen Dimensionswechsel zu vollziehen – mit einer bisher einmaligen Tragweite. Den Wesen von Sirius A ist es daher ein Anliegen, der Menschheit in dieser wichtigen Übergangszeit zu helfen, denn sie und wir sind gleichberechtigte Raumgeschwister.

In großer Liebe, aber dennoch klar und offen, bereiten die Sirianer die Menschheit auf die Erschütterungen unserer Mutter Erde, Gaia, vor, die vor dem Dimensionswechsel noch geschehen müssen, damit auch der letzte Mensch wachgerüttelt wird und diese bemerkenswerte Zeit nicht verschläft.

Heidrun Siebenhofer
An Maria im Himmel - Postlagernd
152 Seiten, A5, broschiert
ISBN 978-3-941363-21-2

Wir alle kennen Situationen im Leben, in denen wir uns blockiert fühlen. Probleme und Rückschläge scheinen uns zu behindern, und das Licht am Ende des Tunnels scheint meilenweit entfernt zu sein.

In einer solchen Situation wendet sich eine Hausfrau in einem Brief an die Gottesmutter, wonach ein lebhafter Briefwechsel zwischen den beiden beginnt.

Dabei geht es um 24 Fragen des Lebens, die vor allem Frauen betreffen.

Maria antwortet mit einfachen Worten, ohne dabei ins religiös-theologische abzugleiten, und vermittelt der Schreiberin auf einzigartige Weise, dass jede Erfahrung, jeder Schritt, den wir setzen, jeder Mensch, der uns begegnet, uns der eigenen Spiritualität näherbringt.

Kerstin Simoné
Thoth – Urton-Frequenz der Seele
2 CDs, Lauflänge ca. 140 Minuten
ISBN 978-3-941363-26-7

Thoth übermittelt uns mit zwei intensiven Frequenzmeditationen eine vollkommen neue und einzigartige Methode der bewussten Schwingungswahrnehmung und Veränderung innerhalb unseres Soseins. Erfahren sie gleichsam auch die uns innewohnenden Werkzeuge in ihrer vollkommenen Anwendbarkeit, und werden sie somit zum wahrhaftigen Meister der Materie.

Da die Zeit drängt und es viele Neuerungen gibt, bedarf es in der Kürze der Neuausrichtung und deutlichen Erhöhung der körpereigenen Schwingungsfrequenz sowie der dringenden Anpassung an die stark erhöhte Grundfrequenz unseres Heimatplaneten, was uns mit der einzigartigen „Frequenzatmung" durch Thoth übermittelt wird.